대한민국 주식 개미들이 가장 궁금해하는

주식 투자 100문 100답

대한민국 주식 개미들이
가장 궁금해하는

주식 투자
100문 100답

주식 입문부터 실전까지 한 권으로 마스터

이무학(생생정보), 김수한, 강주호, 조상철, 문지인 지음

한국경제신문 *i*

주식 투자의 고수가 되자

많은 분들이 '주식 투자의 길은 어렵다'라는 말씀을 합니다. 입문자는 무엇부터 시작해야 하는지, 또 어떤 종목을 사야 하는지 몰라서 어렵고, 경력자는 수익과 손실의 기로에서 갈팡질팡하며 어렵다는 경우가 많습니다.

오랜 시간 주식 컨설팅을 진행하며 수많은 투자자들을 만나왔던 제가 주식 투자를 한마디로 정의하자면, "마냥 쉽지도 그렇다고 어려운 분야도 아니다. 노력하는 만큼 수익이 따라오는 곳이다. 단, 자만심은 금물이다"라고 말하고 싶습니다.

그럼에도 누군가는 수익을 내고, 누군가는 손실은 보는 이유는 마인드에서 오는 '체감 실력 차이'라고 볼 수 있습니다. 주식 투자는 단순히 두뇌 속 이론 지식이 높다고 수익률이 높은 것이 아니라, 몸으로 실력을 행사할 줄 알아야 수익이 보장되기에 '체감'이라는 단어를 붙였습니다.

여기서 잠깐,
고수와 하수의 마인드 차이를 알아볼까요?

〈고수〉

① 앞서간 고수의 가르침을 새겨듣고 노력하는 태도를 갖고 있습니다.

② 열심히 공부하고, 분석하고, 연습해 나만의 노하우를 축적합니다.

③ 매매의 이유를 분석하고 다음 투자 시 교훈으로 삼습니다.

〈하수〉

① 단순히 종목 추천만을 원하고 계속 종목만 찾아다닙니다.

② 다년간 매매를 했음에도 자신만의 노하우가 없습니다.

③ 잘되면 내가 잘나서 그런 것이고, 안되면 남 탓을 합니다.

여러분은 고수입니까? 하수입니까?

이 책을 읽는 독자분들은 이미 고수의 길로 접어드신 겁니다.

주식 시장에서 오래도록 수익을 내는 고수가 되길 기원합니다.

지금 당장 주식을 시작해야 하는 이유

여기 10년 동안 피아노를 연습한 사람과 이제 막 피아노를 배운 사람이 있습니다.

이런 두 사람에게 일생일대의 기회가 찾아왔습니다. 우승자에게 높은 상금을 주는 피아노 경연대회가 열린 것입니다. 누가 우승할 확률이 높을까요? 당연히 10년 동안 연습해서 실력이 쌓인 사람이 겠죠? 그러나 여기서 중요한 것은 실력만이 아닙니다.

실력뿐 아니라 대회에 임하는 마인드와 위기 상황을 잘 관리할 수 있는 관록이 우승 확률을 높여줄 것입니다.

주식 투자도 마찬가지입니다. '나는 목돈을 모았다가 은퇴 후에 주식 투자를 시작해야지'라고 생각하는 분은 '지금 소액으로 시작해서 경험치를 쌓아야지'로 생각을 바꿔보세요. 그러면 많은 실전 경험을 통해 위기 관리 능력을 배우게 됩니다.

이것은 은퇴 후 목돈을 투자해도 두렵지 않을 만큼의 큰 자산이 될 것입니다. 많은 경험이 바탕이 된 실력이니까요.

평균수명 100세 시대로 달려가고 있는 우리입니다. 100세 시대, 은퇴 설계는 더 이상 선택이 아닌 필수라고 합니다. 목돈이 필요할 때가 오고, 노후를 대비한 자금이 필요합니다.

하지만 저축을 하고 아끼기만 해서는 목표치를 이룰 수 없는 것이 현실이라 직장 생활을 하면서 재테크를 시작하게 됩니다. 그중 주식은 소액, 남녀노소 가리지 않고 접근할 수 있는 가장 대중적인 재테크 방법입니다. 빨리 시작하면 경험치는 수직으로 상승합니다. 지금 당장 주식을 시작해야 하는 이유입니다.

아마 이 글을 읽고 있는 분은 주식에 관심이 있고 언젠가 주식 투자를 시작할 것입니다. 언젠가 할 것이라면 지금 시작하는 것이 좋지 않을까요?

이 책은 주식을 처음 시작하는 입문자와 경험 많은 경력자 모두의 궁금증을 풀어줄 수 있는 100문 100답 형식으로 제작되었습니다.

이 책을 통해 필자의 알찬 노하우가 여러분에게 전해져 성공적인 주식 투자로 이어질 수 있길 바랍니다.

성공적인 주식 투자를 기원하며
리얼스탁 대표 문지인

Part

01

**본격적인
주식 투자
따라 하기**

집이나 회사에서
주식 투자를 할 수 있나요?

A 네, 집이나 회사에서도 주식 투자가 가능합니다. 그 방법에 대해 자세히 설명해드리겠습니다. 처음 주식을 시작하시는 분들은 어떻게 주식을 사야 하는지 전혀 모르는 경우가 많습니다. 주식을 산다는 말이 주식증서 같은 것을 사는 것인지, 이 증서를 산다면 증권회사를 찾아가서 사야 하는지 말이죠. 과거에는 주식을 거래하려면 증권사에 직접 가거나 전화를 걸어서 주문을 넣어야 했습니다. 하지만 이제 증권회사를 찾지 않아도 편하게 주식 투자를 할 수 있는 방법이 있습니다. 바로 HTS와 MTS입니다. 증권사 계좌와 아이디만 입력하면 언제 어디서나 주식을 매매할 수 있죠. 참고로, HTS는 Home Trading System의 약자로 '집에서 거래하는 시스템'이란 뜻이고, MTS는 Mobile Trading System의 약자로 '스마트폰에서 거래하는 시스템'이라는 뜻입니다.

주식을 매수 체결하면 HTS와 MTS에서 본인의 주식으로 확인이 가능하나, 종이증권으로 자동 발행되지는 않습니다. 증권사들은 한국예탁결제원에 주식을 예탁하며 매매 등이 있을 때 실물증권의 인도가 아닌 온라인으로 처리하고 있습니다. 주식 잔고는 거래하는 증권사의 잔고를 통해 확인할 수 있으며, 요청 시 증권사에서 잔고증명서나 거래내역을 받아볼 수 있습니다. 또 2019년 9월 16일부터 전자증권제도가 시행되어 이제 실물증권은 역사 속으로 사라졌습니다.

Plus tip **전자증권제도**

증권 실물을 발행하지 않고 증권의 발행, 유통, 권리행사 등 증권 관련 모든 사무를 전자로 처리하는 제도입니다(OECD 36개국 중 33개국이 이미 도입 완료).

전자증권제도 장점

- 증권사무의 전면 전자화로 증권거래 편의성이 높아집니다.
- 불필요한 발행 비용과 위조 분실 위험 감소로 거래 안전성과 효율성이 높아집니다.
- 거래정보의 전산 관리로 탈세 등이 방지되고 공시제도 등의 실효성도 높아집니다.
- 자본 시장의 금융혁신 기반 마련에 도움이 됩니다.

HTS/MTS는 다양한 기능들을 지원합니다. 조건을 설정해서 해당 조건을 충족할 경우 자동으로 주문하게 만들 수도 있고, 차트를 열어두고 각종 기술적 지표들을 함께 분석해볼 수 있으며, 외국인과 기관 투자자들이 어떤 종목을 얼마나 매수했는지 수급 현황을 체크할 수도 있습니다.

HTS/MTS 프로그램은 각 증권사에서 개발하기 때문에 평소 어느 증권사를 이용하느냐에 따라 HTS/MTS 브랜드가 정해집니다. 하나금융투자에 계좌를 열면 하나금융투자 HTS/MTS를 이용하게 되고, 삼성증권에 계좌를 열게 되면 삼성증권 HTS/MTS를 이용하게 되는 것이죠. 증권사마다 HTS/MTS의 수수료가 다르고, 기능과 디자인도 많이 다르므로 여러 회사 프로그램을 이용해보고 자신에게 잘 맞는 프로그램을 보유한 증권사를 주 거래원으로 정하는 것도 좋은 방법입니다.

🖊 **Point** |
꼭 계좌에 입금하고 매매하는 주 증권사가 아니더라도, 무료로 가입만 한다면 증권사 HTS/MTS를 다운받아 사용할 수 있습니다.
최소 2개 이상의 증권사 HTS/MTS 프로그램을 다운로드받아 이용해보고, 본인이 보고 쓰기에 편한 시스템을 이용해보기를 권합니다.

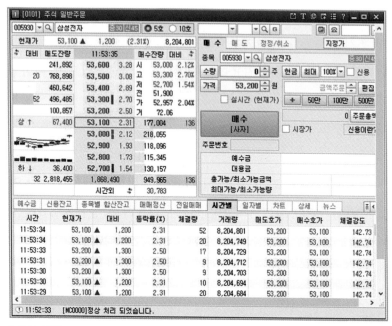

| 예시 | HTS

| 예시 | MTS

Q 계좌를 개설하는 데 돈이 드나요? 또한, 잔고가 있어야 계좌 개설이 가능한가요?

A 증권 계좌 개설은 돈이 들지 않습니다. 돈이 없어도 계좌 개설은 가능합니다. 신분증을 지참한 후 가까운 은행(하나금융투자는 증권사 지점이 많으며 제휴된 은행에서도 계좌 개설이 가능) 및 증권사에 방문해 계좌를 개설합니다. 또한, 은행이나 증권사에 방문하지 않아도 스마트폰 앱으로 계좌 개설을 할 수 있습니다. 이렇게 만드는 계좌를 비대면계좌라고 하는데, 얼굴을 보지 않고 만든다는 뜻이죠. 비대면계좌를 만들기 위해서는 신분증과 공인인증서가 필요합니다. 예를 들어 하나금융투자 계좌 개설 앱을 스마트폰에 다운받은 뒤, 진행 과정에 따라 신분증과 계좌번호, 공인인증서 등을 등록하면 계좌 개설이 완성됩니다.

돈이 없어도 주식 계좌를 만들 수 있지만, 주식을 매입하기 위해서는 해당 계좌에 잔액이 있어야 가능합니다. 잔액은 매수액+수수료 이상의 돈이 있어야 합니다. 주식은 개인이 직접 사고팔 수 있는 게 아닌 증권사를 통해 사고팝니다. 따라서 사고팔 때마다 증권사 수수료가 발생하는데, 처음에는 매매 수수료가 아무것도 아닌 것처럼 느껴질 수 있지만, 투자 금액과 매매 횟수가 늘어나면 수수료가 부담될 수 있습니다. 이를 위해서는 증권사 선택 시 매매 수수료가 저렴한 증권사를 선택하는 게 도움이 됩니다. 증권사별 매매 수수료는 금융투자협회 홈페이지(www.kofia.or.kr)에서 전자공시서비스 → 금융투자회사공시 → 주식 거래 수수료를 클릭해 수수료를 비교할 수 있습니다.

　수수료는 각 증권사가 고객의 주문체결을 중개하는 데 필요한 인건비 등을 감안해 결정하기 때문에, 일반적으로 오프라인보다는 온라인 매매 수수료가 더 저렴합니다.

　예를 들어, H증권사의 경우 1,000만 원 거래 시 오프라인 매매 수수료는 50,000원인 반면, HTS로 거래할 경우 2,400원에 불과해 훨씬 저렴합니다.

 Point |
신규고객 및 비대면계좌 개설 고객을 대상으로 하는 수수료 무료 이벤트가 증권사별로 활발하게 진행 중이니 잘 활용하세요!

003
주식을 거래하는 방법을 알려주세요

A 주식을 거래하는 방법은 총 4가지가 있는데, 사람에 따라 선호하는 방식이 다릅니다. 우선 4가지 주식 거래 방식이 뭔지 살펴보고, 이 중 원하시는 방식으로 주식 거래를 하시면 됩니다.

1. 증권사 직접 방문

증권사 지점에 직접 찾아가 주식을 매매하는 것을 말합니다. 전표에 매수/매도 주문을 작성해 주문을 넣는 방식입니다. 컴퓨터나 스마트폰으로 거래하는 것이 불안하거나 사용법을 익히기 어려울 경우에 이용하면 좋은 방법이지만, 수수료가 비싼 것이 단점입니다. 하나금융투자의 경우, 1,000만 원 거래 시 50,000원의 수수료가 발생합니다. 수수료가 조금 더 비싼 대신 계좌에 증권사 직원인 관리자를 지정할 수 있으며, 관리자를 통해 관심 있는 주식에 대한 정보를 얻을 수 있습니다. 또한, 매매 시 발생할 수 있는 많은 일들에 대해 더 빠르게 도움을 받을 수 있는 장점이 있습니다.

2. ARS(전화)

증권사에 근무하는 직원에게 전화를 걸어 매매 주문을 넣는 방식입니다. 직원을 통해 주문하므로 주식 주문을 할 때 발생할 수 있는 실수를 미연에 방지하는 효과가 있을 수 있습니다. 간혹 HTS나 MTS로 거래가 안 되는 상황이나 해외 주식에 투자할 때 ARS 전화 주문을 사용하는 경우도 있습니다.

3. HTS

앞서 언급한 HTS는 인터넷 연결이 되는 컴퓨터만 있으면 됩니다. 컴퓨터에 해당 주식 거래 프로그램을 다운받아 자유롭게 매매하는 방식입니다. 증권사 직원을 통하지 않고 본인이 직접 컴퓨터를 통해 매수·매도 주문을 냅니다. 증권사 방문이나 전화 주문에 비해 수수료가 매우 저렴해 많은 사람들이 이용하는 주식 거래 방법입니다.

4. MTS

스마트폰으로 거래하는 MTS는 최근 가장 많은 주식 투자자들이 거래하는 방법입니다. 스마트폰만 있으면 언제 어디서든 주식을 매매할 수 있으므로 가장 편리한 방법이라 볼 수 있습니다. HTS와 마찬가지로 수수료가 매우 저렴한 편입니다.

🕹 Point | HTS와 MTS의 주의점

HTS나 MTS를 통해 주식을 거래할 때, 한 가지 주의사항이 있습니다. 본인이 직접 매수·매도를 결정하고 주문을 넣기 때문에 실수에 대한 책임도 본인이 져야 합니다. 어떤 주식을 12,000원에 지정가 매도하려다가 실수로 매수 버튼을 누른다든지, 10,000원에 지정가 매수를 하려다 실수로 매도 버튼을 누른다면 대부분 즉시 체결이 되어버리고 맙니다. 주문에서 사소한 실수를 하게 되면 그동안 힘들게 수익을 낸 게 물거품이 될 수 있으므로 HTS나 MTS를 통해 매수·매도 주문을 낼 때는 내가 입력한 가격이 맞는지, 어느 쪽에 주문을 내고 있는지 다시 한번 검토하고 주문을 넣는 습관이 필요합니다.

004
코스피와 코스닥의 차이를 알려주세요

A 코스피와 코스닥은 주식 시장에서 사용되는 용어로 다들 한 번쯤 들어봤을 텐데요, 한 글자 차이로 이름이 비슷해 정확히 어떤 차이가 있는지 헷갈릴 수 있답니다.

1. 코스피(KOSPI)

코스피란 Korea Composite Stock Price Index의 약자로 종합주가지수를 뜻합니다.

우리나라 유가증권시장본부에 상장된 주식들의 가격을 모두 표시한 수치인 코스피는, 1980년 1월 4일을 기준으로 해서 시가총액을 100으로 하고 비교 시점의 시가총액을 지수화합니다. 코스피는 증권거래소에 상장된 종목들의 주식 가격을 종합적으로 표시한 수치로 시장 전체의 주가 움직임을 측정하거나 경제 상황을 예측하는 지표 등 다방면으로 이용되고 있습니다.

코스피 산출 공식

$$KOSPI = \frac{비교시점의\ 시가총액}{기준시점의\ 시가총액} \times 100$$

현재 코스피 지수는 약 2,200포인트대를 기록하고 있으니 1980년 1월 4일에 비해 현재 종합지수가 약 20배 더 커졌다고 할 수 있습니다.

순위	종목명	현재가	시가총액	시가총액비
1	삼성전자	51,900	309,831,714	21.10%
2	SK하이닉스	80,600	58,676,991	3.99%
3	삼성전자우	42,200	34,725,819	2.36%
4	NAVER	174,000	28,677,531	1.95%
5	삼성바이오로직	389,000	25,738,185	1.75%
6	현대차	119,000	25,426,514	1.73%
7	현대모비스	256,000	24,398,514	1.66%
8	LG화학	300,500	21,212,999	1.44%
9	셀트리온	164,500	21,111,577	1.43%
10	신한지주	43,650	20,698,812	1.41%

2019년 기준 코스피 시가총액 Top 10(시가총액 단위 : 100만 원)

2. 코스닥(KOSDAQ)

코스닥이란, Korea Securities Dealers Automated Quotation의 약자로 IT와 바이오, 문화콘텐츠와 관련된 고부가가치 기업과 벤처기업의 자금 조달을 목적으로 개설되었습니다. 미국의 나스닥(NASDAQ)을 벤치마킹해 만든 코스닥은 주로 IT 기업이나 중소 및 벤처기업이 많이 상장되어 있습니다. 지금의 코스닥 기준지수는 1996년 7월 1일 100으로 놓고 시작되었는데, 2004년 1월 25일부터 코스닥 종합지수의 기준단위를 1,000으로 높였습니다. 이는 닷컴 버블이 꺼지고 나서 코스닥 지수가 지나치게 낮아 구색 갖추기 식으로 코스닥 기준지수를 100에서 1,000으로 10배 상향해 1996년 7월 1일부터 소급 적용했기 때문입니다.

순위	종목명	현재가	시가총액	시가총액비
1	셀트리온헬스케	45,750	6,584,708	2.91%
2	에이치엘비	96,800	4,137,127	1.83%
3	CJ ENM	152,400	3,342,003	1.47%
4	펄어비스	184,600	2,404,046	1.06%
5	스튜디오드래곤	76,200	2,140,943	0.94%
6	케이엠더블유	49,700	1,978,223	0.87%
7	휴젤	370,100	1,894,825	0.83%
8	SK머티리얼즈	169,900	1,792,050	0.79%
9	파라다이스	19,000	1,727,911	0.76%
10	헬릭스미스	80,500	1,723,915	0.76%

2019년 기준 코스닥 시가총액 TOP10(시가총액 단위 : 100만 원)

Point |

코스피 시장과는 다르게 코스닥 시장은 시가총액 비중이 압도적으로 많은 종목은 없어 지수결정력을 가진 특징주는 없습니다. 반면 바이오 종목들이 시가총액 상위에 상당수 포진하고 있으며, 동일 업종의 종목들이 대단히 많기 때문에 바이오주들의 방향에 따라 지수 방향성이 결정되고 있습니다.

흔히 코스피를 미국 다우지수와 코스닥을 미국 나스닥과 비교해서 생각하는 분들이 많습니다만, 코스피의 산출 방식과 가장 유사한 미국지수는 S&P500지수입니다. 다우지수는 미국의 자존심으로 IBM, Exxon, AT&T, Westinghouse, GM 등 드림팀 30개 종목으로만 구성되어 있고, 시가총액이 아닌 주가평균 방식으로 계산되기 때문에 지수가 왜곡될 수 있다는 문제점이 있습니다. S&P500지수는 미국의 스탠더드 앤드 푸어사가 기업 규모·유동성·산업 대표성을 감안해 선정한 보통주 500종목을 대상으로 작성해 발표하는 주가지수로, 미국에서 가장 많이 활용되는 대표적인 지수입니다.

나스닥지수는 코스닥과 같은 장외 시장이지만, 구글과 애플, 야후, 아마존닷컴 등 삼성전자와 견줄 수 있는 글로벌 1등 기업들이 대거 포진해 있습니다. 따라서 코스닥지수를 나스닥지수와 비교하는 것보다 미국의 대표적인 중소형지수인 러셀2000지수와 비교해서 전략을 세워보는 것이 유효합니다. 러셀2000지수는 미국증시의 시가총액 기준 상위 3,000개 중에서 시가총액 하위 2,000개 기업을 걸러내어 지수로 만들었으며, 러셀3000 기업들의 시가총액 대비 비중이 8%에 불과하기 때문입니다.

3. 코스피/코스닥 상장요건

코스피의 상장요건은 자기자본 규모가 300억 원 이상, 최근 매출액이 1,000억 원 이상이면서 시가총액이 2,000억 원 이상인 회사 등 상장요건이 까다롭습니다. 따라서 1, 2차 산업 및 중공업 계열의 기업들이 많으며 매출 규모가 비교적 큰 기업들입니다.

코스닥의 상장요건은 법인세 차감 전 계속사업이익 20억 원(벤처: 10억 원)＆자기자본 30억 원(벤처: 15억 원) 등 코스피에 비해 진입요건이 완화된 시장입니다. 이는 중소기술주 중심의 성장 잠재력을 고려해 심사 항목을 축소한 까닭입니다. 이에 따라 코스닥은 비교적 규모가 작은 중소 및 벤처기업 등 미래 산업 위주의 기업들이 주로 상장되어 있습니다(지면 관계상 코스피와 코스닥의 자세한 상장기준은 한국거래소 www.krx.co.kr를 참조하세요).

Plus tip **국가별 지수**

다른 국가들의 지수용어 중, 대표적인 5개 지수를 알아봅시다.

1. **다우존스 산업평균지수(DJIA)** 미국의 다우존스사가 가장 안정된 주식 30개를 표본으로 산출한 세계적인 주가지수입니다.

2. **나스닥(NASDAQ)** 미국의 대표적인 증권거래소로 세계 각국, 장외 주식 시장의 모델입니다. 우리나라의 코스닥과 일본의 자스닥 등은 미국의 나스닥을 벤치마킹해 만들어졌습니다.

3. **닥스(DAX)** 독일의 대표적인 주가지수입니다. 프랑크푸르트 증권거래소에 상장된 주식 중 30개 기업을 대상으로 구성된 종합 주가 지수입니다.

4. **닛케이 225** 일본의 대표적인 주가지수로 225개 종목의 시장가격 평균을 일본 니혼게이자이 신문이 산출해 발표하고 있습니다.

5. **상해 종합지수** 중국의 주요 국영기업, 에너지와 금융 등 대형기업들이 포진되어 있습니다. 중국은 국영기업들이 대체로 대기업인 경우가 많습니다.

국내증시는 해외 주요 선진국증시에 따라 방향을 같이하려는 커플링 속성이 있는데, 시차에 따라 시초가는 새벽에 마감하는 미국증시 마감 동향에 따라가고 장중 흐름은 10시 30분에 개장하는 중국증시의 영향을 강하게 받는 편입니다. 종목 매매 타이밍을 잡을 때는 이 2가지 변수를 고려하는 전략이 필요합니다.

005

주식 시장은 언제 열리나요?
밤에도 주식을 거래할 수 있나요?

A 주식 거래는 주식 시장이 열리는 시간에 할 수 있습니다. 주식 정규 시장은 평일 오전 9시 거래 시간이 시작되고 오후 3시 30분에 마감합니다. 토요일, 일요일, 공휴일은 휴장일로 주식 시장이 열리지 않습니다. 하지만 정규 시장 외에도 매매가 가능한 시간이 있는데, 시간대를 정리해보죠.

① 장 전 시간 외 – 08:30~08:40
② 장 시작 동시호가 – 08:30~09:00
③ 정규 시장 – 09:00~15:30
④ 장 마감 동시호가 – 15:20~15:30
⑤ 장 후 시간 외 – 15:40~16:00
⑥ 시간 외 단일가 – 16:00~18:00

1. 장 전 시간 외 거래

거래 시간은 08:30~08:40으로 10분 동안 거래할 수 있습니다. 전에는 오전 07:30~08:30으로 1시간이었지만 2019년 4월 29일부터 시간대가 변경되어 10분으로 줄었습니다. 주문가격은 전일 종가로 고정되며, 체결 방식은 실시간 체결입니다. 매도 주문을 낼 때 앞선 매수 주문이 있으면 체결되지만, 매수 주문이 없고 매도만 있다면 앞선 주문이 체결된 후 당사자의 주문이 체결됩니다.

2. 장 시작 동시호가

평일 08:30~09:00에 적용됩니다. 동시호가 주문이란, 주문을 빨리 넣든, 늦게 넣든, 동 시각에 들어온 것으로 간주하고 한꺼번에 처리하므로 시간 우선의 법칙을 제외한 나머지 원칙들만 적용해 매매를 체결시킵니다. 동시호가 매매는 하나의 가격으로 매매되므로 단일가 매매라고도 합니다.

3. 정규 시장

주식은 09:00에 장이 열린 후 15:30(정확하게는 15:20분)에 장이 마감됩니다. 이 시간에는 자유롭게 주식을 거래할 수 있습니다.

4. 장 마감 동시호가

장 마감 동시호가는 15:20~15:30입니다. 주식이 오를지 내릴지 예측하기 어렵기에 장 마감을 앞두고 투자자들의 매도·매수 물량이 급격히 증가해 시세의 변동이 큰 경우가 생깁니다. 장 마감을 앞두고 대량의 주문이 쏟아질 경우, 주식 시장의 혼란을 피하기 위해 장 마감 10분 전에는 동시호가가 시행됩니다.

5. 장 후 시간 외

장 후 시간 외 거래 시간은 15:40~16:00입니다. 이때는 정규거래에서 결정된 종가로 거래가 됩니다. 따라서 주문가격은 당일 종가로 고정되며, 체결 방식은 실시간 체결입니다.

6. 시간 외 단일가

시간 외 단일가 매매 방식은 장중 시간에 매매할 시간이 부족한 투자자들, 장이 끝나고 난 뒤 종가에 주식 투자하려는 투자자들에게 유용한 제도입니다. 또한, 특정 종목을 한 번에 대량으로 매매하려는 투자자가 시간 외 거래를 이용하기도 하는데, 장중에 거래가 이뤄지면 갑자기 대량매매가 일어나면서 시장에 혼란을 주고 그날 주가에 큰 영향을 미칠 수 있기 때문입니다.

거래 시간은 16:00~18:00까지 10분 단위로 단일가 매매 체결이 이뤄지는 방식이며, 하루에 총 12회 매매가 이뤄지게 됩니다. 가격 변동은 정규 시장의 가격 제한 폭 범위 내에서 당일 종가를 기준으로 ±10%입니다.

> 🖊 **Point** |
>
> 장 시작 동시호가와 장 마감 동시호가는 실제 매매가 아닌 가상의 매매 주문인 관계로, 실제 체결될 가격에 비해 터무니없는 허수 주문들이 빈번하게 일어납니다. 따라서 장 시작 동시호가는 8시 55분, 장 마감 동시호가는 3시 25분 등 5분 정도를 남겨놓은 호가부터 신뢰도가 높아지니 허수 주문에 당황해서 실수하는 일이 없도록 주의해야 합니다.

006

장 시작 동시호가, 유리한가요?

A '장 시작 동시호가'는 가격의 안정성과 체결의 공정성을 위해 시행되고 있습니다. 전날 정규매매시간이 마감된 이후에 국내외 금융시장의 큰 영향을 미칠 수 있는 사건이 발생하거나 투자한 기업에 호재나 악재가 발생한 경우에는 다음 날 장 시작 전에 주문이 폭주하는 경우가 있습니다. 이때 주문을 순서대로 체결시킬 경우, 거래가 원활히 진행되기 힘들뿐더러 갑작스러운 주문 폭주로 인해 주가가 왜곡될 수 있습니다. 따라서 거래량이 폭주할 것으로 예상하는 장 시작 전, 장 마감 전에서는 일반적인 매매 방식이 아닌 동시호가 매매를 사용하게 됩니다.

동시호가 체결 방법은 단어 그대로 '동시'에 '호가(가격을 낸다=주문한다)'하는 원리로, 오전 8:30~09:00까지 매수·매도 주문을 하면 됩니다. 30분 동안 들어온 주문은 동시에 접수된 것으로 간주하며, 체결은 09:00에 일괄적으로 이뤄집니다. 따라서 호가와 수량을 감안해 단일가로 주문을 체결하게 됩니다. 이와 같은 원리로 '장 마감 동시호가'가 있습니다. 마감 10분 전 접수된 주문은 시간과 관계없이 동시에 주문한 것으로 간주해 단일가를 적용, 거래가 체결됩니다.

동시호가 체결가를 결정할 때는 가장 낮은 매도호가 주문과 가장 높은 매수호가 주문을 체결시켜나가며 적절한 가격을 결정합니다.

예시

매도(수량)	가격(원)	매수(수량)
1,000	11,100	
2,000	11,050	① 1,000
5,000	11,000	② 3,000
	10,950	1,000
	10,900	500

① 11,000원의 가격으로
 11,050원에 매수를 주문한
 1,000주 체결
② 11,000원의 가격으로
 11,000원에 매수를 주문한
 3,000주 체결
결과] 11,000원에 4,000주가 체결되면서
 동시호가 11,000원으로 시작

이처럼 동시호가 매매는 주식을 저렴하게 매수할 수도, 반대로 자신의 의도보다 높은 가격에 팔 수도 있습니다. 그 때문에 이것을 기회라고 생각해 동시호가를 선호하시는 분들도 있지만, 섣부른 판단은 금물입니다. 동시호가 매매는 자신이 결정한 가격 그대로 사고파는 게 아닌 불특정 다수 투자자들의 산술평균 개념의 가격결정이기 때문에 예상 체결가만을 기준으로하는 매매는 큰 위험이 따릅니다.

007

주문을 넣었는데
체결이 되지 않아요

A 매수 주문을 넣었는데 주식이 체결되지 않았단 말은, 해당 가격에 매도하려는 사람이 없어 거래가 안 된 것입니다. 주식은 거래의 원리가 적용되는데, 물건을 사려면 먼저 팔겠다는 사람이 있어야 합니다. 마찬가지로 물건이 팔리려면 사겠다는 사람이 있어야 합니다. 주식은 워낙 거래하는 사람이 많다 보니 거래의 원리 외에도 적용되는 몇 가지 원칙이 있습니다.

주식 매매 체결의 4대 원칙(순서)은 다음과 같습니다.

첫째, 가격 우선의 원칙입니다.
더욱 비싼 가격을 제시한 쪽이 우선입니다. 같은 물건이라면 싸게 팔아야 빨리 팔리고, 비싸게 산다고 해야 먼저 살 수 있는 이치입니다. 그러므로 빨리 체결되길 원하면 매수 주문은 가격을 높이고, 매도 주문은 가격을 낮춰야 합니다.

두 번째, 시간 우선의 법칙입니다.

가격이 같을 땐, 먼저 주문한 쪽이 우선입니다. 먼저 말한 사람에게 기회를 주는 원리지요.

세 번째, 가격과 시간이 같을 땐 많은 수량을 제시한 쪽이 우선입니다. 따라서 동일시간대에 동일 가격의 주문이 여러 건 있을 땐 대량 주문이 소량 주문보다 먼저 체결됩니다.

네 번째, 위탁 우선의 법칙입니다.

위탁 거래자의 주문이 우선입니다. 증권사에는 크게 2개의 계정이 있는데, 하나는 고객 계정이고 다른 하나는 증권사의 자체의 자금을 운영하는 회사 계정입니다. 동일 가격에 동일 시간, 수량마저 같다면 회사의 거래보다 위탁자인 고객의 주문이 우선 체결됩니다.

Q 008
다양한 주식 주문의 종류

A HTS를 통해 처음 주문을 하려면 뭐가 뭔지 잘 모르겠지요? 화면도 복잡해 보이고, 왠지 정신이 없어지는 것 같죠. 이해합니다. 첫 주식 투자자들은 누구나 비슷하게 겪는 과정이니까요. 자, 이 페이지에서 차근차근 배워봅시다. 주식을 팔고 사기 위해 제시하는 가격을 '호가'라고 하는데, 주식 매매를 하려면 호가를 제시해야 합니다. 매도 주문 중에서 가장 낮은 호가와 매수 주문 중에서 가장 높은 호가가 일치할 때 체결이 이뤄집니다.

매매 주문의 방법은 다음과 같습니다.

1. 지정가 주문

이는 직접 가격을 지정해서 주문하는 방식으로, 개인 투자자들이 가장 많이 사용합니다. HTS주식 주문창을 보면, 바로 지정가 주문 상태라는 표시가 보입니다.

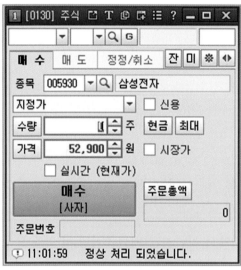

화면에 보이는 것처럼 '지정가' 주문을 하고 있습니다.

만약 삼성전자의 현재가가 52,900원일 경우, 매수자는 당연히 그보다 싼 가격으로 사고 싶고, 매도자는 그보다 조금 비싼 가격으로 팔고 싶겠죠? 그래서 매수자는 52,800원이나 52,700원으로 지정해 주문합니다. 반대로 매도자는 53,000원이나 53,100원에 주문을 걸어두겠죠. 만약 매수자가 지정가를 52,800원으로 주문했는데, 현재가인 52,900원 아래로 내려오지 않고 상승하면 한 주도 살

수 없습니다. 마찬가지로 53,000원에 지정가 매도 주문을 했는데
주가가 하락하면 이것도 체결이 안 되겠죠. 이처럼 지정가 주문은
현재가보다 더 싸게 사거나 비싸게 팔 수 있지만, 한 주도 거래가
안 될 수도 있다는 게 단점입니다.

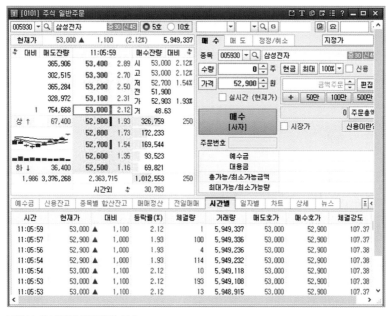

| 예시 | 삼성전자 주문현황 모습

빨간색 네모 안에 있는 53,000원이 삼성전자의 현재가이며, 지
정가 매도 주문이 754,668주가 있습니다. 매수호가는 52,900원에
326,759주가 있고요. 매도 주문은 53,100원에 328,972주, 53,200
원에 365,284주가 있습니다. 가격이 일치할 때 거래가 체결되는 지
정가 방식은, 미체결 상태라면 주문을 낸 후 호가를 정정해 주문을

다시 낼 수 있습니다.

2. 시장가 주문

시장가 주문은 시장의 가격대로 주문을 하는 방식입니다. 이를테면 현재가가 53,000원이고, 매도자들이 53,100원, 53,200원에 매도 주문을 걸어두었다면, 시장가 주문의 경우 이 가격대로 지불하고 사는 것입니다. 시장가 매도 주문도 마찬가지입니다. 주식 매수자가 부르는 가격대로 파는 것이죠. HTS에서 하단의 '체결' 창이 가격과 체결량을 보여줍니다. 이때, 빨간색 숫자는 매수 주문으로 체결된 수량이고, 파란색 숫자는 매도 주문으로 체결된 수량입니다.

시간	현재가	대비	등락률(%)	체결량	거래량	매도호가	매수호가	체결강도
11:10:31	53,000 ▲	1,100	2.12	146	5,983,358	53,000	52,900	107.68
11:10:30	52,900 ▲	1,000	1.93	50	5,983,212	53,000	52,900	107.67
11:10:29	52,900 ▲	1,000	1.93	20	5,983,162	53,000	52,900	107.68
11:10:29	52,900 ▲	1,000	1.93	5	5,983,142	53,000	52,900	107.68
11:10:27	52,900 ▲	1,000	1.93	1	5,983,137	53,000	52,900	107.68
11:10:27	53,000 ▲	1,100	2.12	2	5,983,136	53,000	52,900	107.68
11:10:27	52,900 ▲	1,000	1.93	7	5,983,134	53,000	52,900	107.68

시장가 주문 체결현황

 Point |

시장가 주문은 특정 시점의 주가가 급하게 오르거나 내릴 것으로 예상할 때, 가격을 무시하고 체결부터 시키려는 매매 방법입니다. 이 방식은 자칫 시세 변동에 휩쓸리는 뇌동매매가 될 수 있으므로, 초보 투자자들은 시장가 주문은 지양하고 분할로 매매하는 습관을 들여야 합니다.

3. 조건부 지정가 주문

시장가 주문과 지정가 주문이 혼합된 방식인 조건부 지정가 주문은 정규시간 동안에는 지정가 주문과 같은 방식으로 주문이 체결되지만, 마감 시간까지도 매매가 성립되지 않으면 장 마감 10분 전 동시호가 시간에 시장가 주문으로 자동 체결되는 주문입니다.

Point |

조건부 지정가 주문은 장중 시세를 계속해서 지켜볼 수 없는 직장인 과 같은 투자자에게 적합한 주문 방식입니다.

4. 최유리 지정가 주문

투자자가 종목과 수량을 지정하고, 가격은 상대방이 내놓은 주 문 가운데 가장 좋은 조건을 자동 선택해 그 가격에 주문이 체결되 는 방식입니다. 예를 들어 K 주식이 가장 낮은 1만 원에 100주 매 도 주문이 나온 경우, 최유리 지정가 주문으로 200주 매수 주문을 내면 일단 1만 원에 100주가 체결되고 나머지 100주는 나중에 1 만 원에 매도 주문이 나올 때 차례대로 체결됩니다. 시장가 주문과 비슷하지만 다른 점은, 시장가 주문은 수량이 다 소진될 때까지 호 가가 계속 움직이며, 매도·매수하기에 대량 매수의 경우 매입 단가 가 계속 올라갈 수 있습니다. 하지만 최유리 지정가는 부족한 잔량 을 호가를 높여 사진 않고 고정된다는 것이 다릅니다. 그래서 '지 정가'란 이름이 붙으며, 정규 시장 중에 가능합니다.

5. 최우선 지정가 주문

투자자가 종목과 수량만 지정하고 가격은 매수 주문인 경우 최 우선 매수호가 가격으로, 매도 주문은 최우선 매도호가 가격으로 지정되는 주문으로 정규 시장 중에 가능합니다. 앞선 최유리 지정가와 혼동하는 분들을 위해 예를 들어 설명해볼게요. 여러분이 매수자라면 최유리 지정가는 상대방인 매도자의 최우선 호가와 동일 가격으로 주문하는 것입니다. 즉, 가장 싸게 내놓은 상대방의 주식과 체결되는 방식입니다. 이에 반해 최우선 지정가는 같은 매수자 입장 중에서 가장 싸게 산다고 말한 사람과 동일 가격으로 주문을 내는 것입니다. 그러면 다른 매수자들 대비 우선 체결될 수 있는 기회가 있습니다.

6. 조건부여 주문

조건부여 주문이란, 일정한 조건을 붙여 주문을 내는 것을 말하는 것으로, IOC주문과 FOK주문 2가지가 있습니다. 지정가(IOC), 시장가(IOC), 최유리 지정가(IOC), 지정가(FOK), 시장가(FOK), 최유리 지정가(FOK)로 앞서 배운 주문 방식에 IOC 또는 FOK를 붙여 주문할 수 있습니다. IOC(Immediate Or Cancel)는 주문 즉시 체결되고 잔량은 취소되는 주문이며, FOK(Fill Or Kill)는 전량 체결이 되지 않으면 전량 취소되는 주문을 말합니다.

주가가 하루에 오르내릴 수 있는 가격 폭의 한도가 있다는데요?

A 우리나라에서는 급격한 가격 변동에서 투자자를 보호하기 위해, 전일의 종가를 기준으로 개별 주식의 가격 변동 폭을 30%로 제한하고 있습니다. 주식이 하루 안에 오르고 내릴 수 있는 가격의 한계 폭이죠. 상승 가능한 최고가격을 상한가라고 하고, 하락 가능한 최저가격을 하한가라고 합니다. 예를 들어 전일 1만 원 한 주식은 오늘 최고 13,000원까지 오를 수 있고(상한가), 7,000원까지 떨어질 수 있습니다(하한가).

단, 드문 경우지만 1만 원짜리 주식을 당일 상한가인 13,000원에 매수했는데 시세가 급변해 하한가 가격인 7,000원까지 하락한다면 13,000원에 매수한 사람은 하루 만에 하한가 제한 폭을 넘는 손실이 발생할 수 있으며, 반대의 경우라면 상한가 이상의 높은 수

코스피									
N	연속	누적	종목명	현재가	전일비	등락률	시가	고가	저가
1	1	1	일진홀딩스	5,080	↑ 1,165	+29.76%	3,945	5,080	3,900
2	1	2	DB하이텍1우	56,400	↑ 12,950	+29.80%	46,000	56,400	44,750

코스닥									
N	연속	누적	종목명	현재가	전일비	등락률	시가	고가	저가
1	1	1	젬백스	41,000	↑ 9,450	+29.95%	32,800	41,000	32,000
2	1	5	신스타임즈	7,550	↑ 1,740	+29.95%	6,120	7,550	6,090
3	2	2	젬백스지오	1,690	↑ 390	+30.00%	1,495	1,690	1,450
4	1	1	수젠텍	6,780	↑ 1,560	+29.89%	6,360	6,780	5,800

| 예시 | 하루 상한가를 보여주고 있는 모습

익도 발생할 수 있습니다.

　미국, 유럽 등 선진국은 가격제한폭이 없으며 자본 시장 발달 정도가 낮은 국가일수록 가격제한폭이 좁습니다. 이 외에도 투자자를 보호하기 위해 서킷 브레이커와 사이드카가 시행되고 있습니다.

1. 서킷 브레이커(Circuit Breakers)

　주가지수의 상하 변동 폭이 10%를 넘는 상태가 1분간 지속될 때 매매거래를 중단시키는 제도를 말합니다. 투자자들에게 잠시 숨 돌릴 틈을 줘 이성을 되찾아 매매에 참가하라는 취지가 담겨 있습니다. 서킷 브레이커가 발동되면 20분 동안 모든 종목의 호가 접수 및 매매거래가 정지되며, 향후 10분 동안 새로 동시호가가 접수되므로 총 30분간 매매가 이뤄지지 않는 셈입니다. 서킷 브레이커는 하루 한 번만 발동될 수 있으며 장 종료 40분 전 이후에는 발동될 수 없습니다.

2. 사이드카(Sidecar)

선물 시장이 급변할 경우 현물 시장이 미치는 영향을 최소화함으로써 현물 시장을 안정적으로 운용하기 위해 도입한 제도입니다. 선물가격이 전일 종가 대비 5% 이상 등락한 시세가 1분간 지속될 경우 주식 시장의 프로그램 매매 호가가 5분간 효력이 정지됩니다. 5분이 지나면 자동적으로 해제되어 매매 체결이 재개됩니다. 장 종료 40분 전 이후에는 발동할 수 없으며, 하루 한 번만 발동될 수 있습니다.

Q 010
주식을 팔았는데
왜 돈이 안 들어오죠?

A 주식을 팔아도 돈이 바로 계좌로 바로 입금되지 않습니다. 돈이 통장에 입금되어 예수금(주식을 매수할 수 있는 현금자산)으로 인정돼야 통장 출금이 가능하지만, 주식을 매도한다고 해서 그 매도한 금액이 바로 통장에 들어오지 않습니다. 그럼 주식 매도 후 입금은 언제 되는 것일까요? 주식의 결제는 '3영업일 결제' 혹은 'T+2 결제'로 이뤄집니다.

우선 영업일이라는 개념에 대해 알아보죠. 영업일이란, 말 그대로 영업이 이뤄지는 날, 정확히는 증권거래소가 개장해 매매가 이뤄지는 날을 의미합니다. 이 영업일은 매매가 이뤄진 날도 포함됩니다. 따라서 월요일에 내가 매도 주문한 주식이 체결됐으면, 월요일이 바로 1영업일입니다. '3영업일 결제'이니 주식을 매도한 금액은 수요일(월, 화, 수=3영업일)에 입금됩니다. 그럼 금요일에 팔면 언제 입금될까요? 토요일, 일요일, 공휴일 등의 빨간 날은 증권시장이 쉬기 때문에 영업일에 포함되지 않습니다. 그래서 금요일에 매도한 금액은 다음 주 화요일에 입금됩니다.

그렇다면 T+2 결제는 뭘까요? T는 거래일(Transaction date)의 약자입니다. 하지만 세는 방법이 앞에서 설명한 영업일 방식과 다릅니다. T는 말 그대로 거래일, 거래가 이뤄진 날짜입니다. 그렇다면 T+1은 무엇일까요? 거래일에 1을 더한 날, 즉 거래일의 다음 날입니다. 따라서 월요일에 체결된 매도 주식은 'T+2'결제에 따라 수요일에 입금됩니다. 또한, 앞선 영업일 기준과 같이 증권시장이 쉬는 날은 제외되므로 금요일에 매도한 주식은 화요일에 입금되고요.

좀 더 정확하게 주식 매도 후, 입금 시간은 언제일까요? 이는 증권사마다 처리하는 시간이 다소 소요되므로 정답은 없지만, 새벽 1시에서 오전 9시 전에 들어옵니다. 대부분의 증권사가 특별한 일이 없는 한 증권 시장이 열리기 전에 입금 처리됩니다. 참고로 다른 나라 주식 결제일을 보면, 홍콩 T+2, 일본 T+2(원래 T+3이었으나 2019.7.16에 T+2로 변경), 미국·독일·프랑스 T+3, 브라질 T+5 등 우리나라와 비슷하거나 더 늦은 편입니다.

011
바로 인출되지 않고
바로 입금되지 않는 이유는 뭐죠?

A 재래 시장에서 물건을 사더라도 바로 결제하고 물건을 들고 오는데, 주식은 왜 3영업일이란 시간이 걸리는지 의아해하시는 분들이 많습니다. 그 이유는 주식은 단순히 재래 시장과 다르게 진짜 결제가 이뤄지기까지 절차가 필요하기 때문입니다. 이를 위해 먼저 '지급'과 '결제'의 차이에 대해 알아야 합니다. 지급은 '어음 또는 물건이나 금전 등 무언가를 주는 행위'를 말하며, 결제는 '대금을 주고받이 기래를 끝맺음하는 행위'를 말합니다. 재래 시장에서 현금으로 대금을 치르는 경우는 지급과 결제가 동시에 일어나는 일입니다.

이번엔 제가 친구에게 돈을 송금했다고 가정해보죠. K은행을 이용하는 제가 친구의 S은행 계좌에 '비정액 수표'로 입금을 했습니다. 따라서 현재 제 손에는 수표가 없습니다. 하지만 친구는 당장 현금을 찾을 수가 없습니다. 왜냐하면, 저는 돈을 '지급'했지만, 아직 은행은 확인 작업이 남았기 때문입니다. 국내 은행들의 어음교환 업무를 맡은 금융결제원은 수표의 진위 확인, 예금주 확인, 사고 여부를 확인하는데 이때 시간이 소요됩니다. 확인 절차가 끝나면 K은행에서 S은행으로 옮겨가고 최종적으로 S은행에서 '결제'를 마치면 친구는 그제야 돈을 인출할 수 있습니다.

주식 거래는 수표 거래보다 더 복잡합니다. 실시간으로 체결되는 많은 매매가 혹시 잘못될 수 있으므로 이를 확인하고 정정하는 과정, 매매와 결제의 확정, 결제대금과 증권의 수수, 소유자명의 바꾸기 절차 등 각종 복잡한 절차가 이뤄집니다. 만약 주식 시장에 거래자가 극히 소수에 불과할 경우에는 이런 절차가 하루 만에 이뤄질 수 있겠지만 주식 시장은 불특정 다수가 거래하는 시장이기 때문에 이런 절차를 끝내는 데 시간이 걸립니다.

참고로, 우리 눈에는 주식이 증권계좌에 있는 것으로 표시되지만 실제로는 한국예탁결제원에 보관되면서 대금만 처리되고 있습니다. 예탁결제원은 거래소에서 거래하는 사람들의 주식을 대부분 갖고 있으니, 일일이 출금해서 정산하고 주권을 꺼내 계좌에 넣어주는 것이 아니라, 소유권이 바뀌는 거래가 일어나면 소유자 명의를 바꾸고(명의개서) 거래대금을 정산합니다. 그래서 주식 실물의 이동 없이 전산으로 처리가 가능한 것입니다.

돈 없이 주식을
살 수 있다는데요?

A   앞서 우리는 주식의 결제방식인 3영업일(=T+2)을 배웠습니다. 월요일에 주식을 팔아도 바로 돈이 입금되는 게 아니라, 수요일에 입금되죠. 같은 원리로, 월요일에 주식을 샀다면 바로 돈이 인출되는 게 아닌 수요일에 인출됩니다. 주식은 가진 돈만큼 살 수도, 가진 돈보다 더 많은 주식을 살 수도 있는데요, 어떻게 가능한지 살펴보겠습니다.

먼저 주문창을 보면 가격을 지정하는 방식인 종류와 현금, 신용, 미수 등의 단어가 보입니다. 이때 현금으로 표시하면 해당 주식을 100% 내가 가진 현금 범위 안에서만 구입하겠다는 뜻입니다.

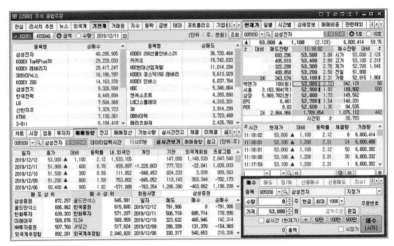

주문창 모습 : '현금', '신용매수'라는 단어가 보입니다.

005930 ▾ Q	삼성전자		증30 신45	● 5호	○ 10호
▲	53,100 ▲	1,200	(2.31%)	6,838,831	60.10
대비	매도잔량	11:21:22		매수잔량	대비
	704,635	53,500	3.08	시가	53,000	2.12%
16	409,795	53,400	2.89	고가	53,100	2.31%
	333,565	53,300	2.70	저가	52,700	1.54%
	463,917	53,200	2.50	전일	51,900	
10	345,709	53,100	2.31	가평	52,916	1.96%
액면가	100(원)	53,000	2.12	382,100		4,956
시총	3,169,954(억)	52,900	1.93	188,612	
상장	5,969,782(천)	52,800	1.73	149,212	
EPS	6,461	52,700	1.54	143,886	
PER	8.03	52,600	1.35	92,167	
26	2,997,082	1,889,260		1,107,822	4,956
		시간외		30,783	

삼성전자 주식은 증거금률이 30%, 신용보증금률이 45%입니다(증권사마다 다를 수 있음).

주식 가격이 더 오를 것 같아 가진 돈보다 더 많은 주식을 확보하고 싶거나 다른 주식을 더 사고 싶을 때가 있겠죠? 이때, 계좌에 있는 현금을 증거금으로 주식을 매수할 수 있습니다. 현재 20만 원이 있는데, 이 돈으로 월요일에 1만 원짜리 주식을 100% 현금 범위인 20주보다 많이 사고 싶다고 해보죠. 현금 100% 결제를 사용하면 20주만 주식을 살 수 있지만, 최대(미수) 증거금을 이용하면 더 살 수 있습니다. 증거금 30%인 주식은 20만 원으로 66만 원어치 주식을 살 수 있다는 뜻입니다. 즉, 증거금을 제외한 나머지 46만 원은 외상거래인 셈입니다. 이를 주식 용어로 '미수거래'라고 합니다. 이때 주식 거래가 성사되면 증거금인 20만 원은 인출할 수 없습니다. 주식 결제는 3영업일 결제이기 때문에 월요일에 체결된 매매대금이 바로 증권계좌에서 출금되지 않고 수요일에 66만 원(증거금 20만 원+미수대금 46만 원)이 출금됩니다.

이때, 수요일에 결제가 이뤄지므로 반드시 수요일 밤 11시 30분(증권사마다 다를 수 있음)까지 미수대금 46만 원을 통장에 입금하거나 주식을 매도해야 합니다. 만약 46만 원을 계좌에 입금하지 못했을 경우, 목요일에 증권사에서 보유 주식을 시장가(최초가)로 파는 반대매매가 자동적으로 진행되어 돈을 회수해갑니다. 또한, 부족한 금액은 연체금액이 되어 높은 이자가 붙습니다. 반대 매매가 되면 해당 계좌는 미수동결계좌로 등록되어 30일간 모든 증권사에서 미수거래가 금지됩니다.

🖊 Point | 미수동결계좌제도

고객이 결제일(3영업일)까지 결제대금을 증권회사에 납입하지 않은 것을 미수거래라고 합니다. 이렇게 미수거래를 발생시킨 고객에 대해 미수 발생일 이후 30일 동안 주식 매수 시 위탁증거금을 현금(증권)으로 100% 납입해야 주문이 가능하도록 불이익을 주는 제도를 '미수동결계좌제도'라고 합니다. 이 제도는 주식 시장의 결제 불이행 위험을 방지하고 합리적인 투자 관행을 정착시키기 위해 2007년 5월 1일부터 시행되었습니다. 다만, 미수금 규모가 10만 원 이하이거나 국가 간 시차 등 불가피한 사유로 미수금 발생 시 동결계좌 적용 대상에서 제외됩니다.

013
주식도 신용대출이 가능한가요?

A 결론부터 말씀드리면 주식도 신용거래가 가능합니다. 신용거래는 위탁계좌에 일정한 보증금을 납입한 후, 증권사로부터 현금이나 유가증권을 융자받아 거래하는 형태입니다. 신용보증금율은 주식마다 다른데 해당 주식의 신용보증금율이 45%라면 45%의 보증금이 계좌에 있으면 나머지 55%를 대출해줄 수 있다는 뜻입니다. 내가 가진 현금보다 많은 주식을 살 수 있다는 점에서 미수거래와 비슷하지만, 신용거래는 따로 신청해야 거래할 수 있습니다. 또한 신용거래는 미수거래보다 매수한 종목을 오래 보유할 수 있습니다. 다만 신용을 사용해 매수한 경우 일정 담보비율 이상을 유지해야 하는데, 만약 이하로 하락하게 되면 담보 부족으로 인해 보유 주식을 일부 처분하거나 추가로 현금을 입금해야 합니다. 그렇지 않으면 임의로 반대매매가 일어나 손실을 입

을 수 있습니다.

　간혹 일부 투자자들이 자신이 했던 주식 미수거래와 신용거래를 무용담처럼 얘기하는 경우가 있습니다. 물론 레버리지를 적절히 이용한다면 상대적으로 큰 수익을 거둘 수 있지만, 반대로 산 주식이 하락하거나 폭락한다면 한순간에 빌린 돈이 날아갈뿐더러 추가적으로 큰 금액을 갚아야 해 참담한 결과로 이어질 수 있습니다. 미수거래와 신용거래는 적절한 투자를 넘어선 매우 위험한 방법이므로 초보자는 될 수 있으면 현금 100% 주문으로 설정한 후 주식 투자하시길 권합니다.

Q

014

왜 분할 매수를
해야 하나요?

A 주식 투자를 하는 이유는 저점에 사서 고점에 팔아 수익
을 실현시키는 게 목적입니다. 하지만 언제가 저점인지,
고점인지를 장담할 수 없다는 게 문제입니다. 저점일줄 알고 샀는
데 계속 하락하거나, 고점인 줄 알고 팔았는데 계속 오른다면 투자
자는 큰 충격을 받습니다. 따라서 충격을 완화하고 대처하는 차원
에서 분할 매수, 분할 매도를 권하는 것입니다.

주가에 대처하는 투자자

가령 현재 1만 원인 A라는 주식에 대해 500만 원을 투자할 계획
을 세우고 있다고 가정해보겠습니다.

A라는 주식의 주가 추이를 살펴보니, 최근 6개월간 8,000~12,000원 가격 사이에서 계속 등락하는 모습이었습니다.

따라서 현재 중간가격인 1만 원 가격부터 매수를 시작해, 하락 시마다 매수 비중을 점차 늘려나갈 계획을 다음과 같이 세웠습니다.

1차, 주가 10,000원 : 200만 원 투자

2차, 주가 9,000원 : 100만 원 투자

3차, 주가 8,000원 : 200만 원 투자

최초 1만 원에 200주를 매수한 뒤, 주가가 아쉽게도 하락하기 시작했습니다. 하지만 애초에 분할매수 계획을 가지고 있던 투자자는 주가 하락이 두렵기보다는, 더 낮은 가격에 더 많은 금액을 투자할 수 있기 때문에 심리적으로 흔들리지 않을 수 있습니다. 주가 하락에 심리적으로 안정될 수 있다는 것은, 두려움으로 인한 투매 (투기적인 매도)나 뇌동매매를 피할 수 있다는 큰 장점이 있습니다.

이후 A라는 주식이 투자자의 계획대로 8,000원까지 하락 후 12,000원까지 상승했다고 가정한다면, 매수 평균단가 9,000원에 +33%대 수익률을 기록할 수 있는 것입니다.

만약 1만 원에 200만 원을 투자했는데 주가가 곧장 상승해서 12,000원이 되었다면,

2차, 주가 11,000원 : 100만 원 투자

3차, 주가 10,000원 : 200만 원 투자

이렇게 매매가격을 수정해서 주가 상승을 쫓아가는 것도 좋은
전략입니다.

Q 015
분할 매수와 물타기는
같은 거 아닌가요?

A 우스갯소리로 "내가 하면 분할 매수이고, 남이 하면 물타기"라는 말이 있는데요, 둘의 가장 큰 차이는 **최초 매수 진입 이전의 매매계획 유무**입니다. 분할 매수와 물타기는 주가가 하락할 때 주식을 더 사들이는 행위 자체는 동일하나, 차이는 '미리 계획한 시나리오인가(분할 매수)', 그렇지 않고 '울며 겨자 먹기식'의 매수단가 낮추기인가(물타기)에 있습니다. 아래 사례를 통해 물타기 상황을 보겠습니다.

주가 하락에 당황하는 투자자

한 투자자가 주당 10,000원인 A주식을 100만 원어치 매수했습니다(100주). 하지만 오를 거라는 기대와 다르게 시간이 지날수록 주식은 하락했습니다. 마음이 다급해진 투자자는 평균 매수단가를 낮추기 위해 9,500원에 100주를 더 매수했습니다. 195만 원에 200주를 보유한 셈이니 평균 매수단가는 9,750원으로 낮아졌지만, 더 떨어질까 걱정이 되었습니다. 하지만 시간이 지나 더 하락한 주가가 9,000원까지 떨어졌습니다. 속이 바짝 탔지만, 여기가 바닥이라고 생각한 투자자는 90만 원을 들여 100주를 더 샀습니다. 총 300주를 구입하는 데 285만 원이 들었으니 평균 매수단가가 9,500원입니다. 평균 매수단가가 낮아진 만큼 자신감도 잃었습니다. 그러던 중, 주가가 8,500원을 기록하자 더 이상 희망이 없다고 좌절한 투자자는 300주를 모두 팔았습니다.

이는 물타기의 전형적인 모습입니다. 물타기는 투자자가 애초에 계획했던 일이 아닙니다. 예상보다 주가가 떨어지자 평균 매수단가를 낮추기 위해 즉흥적으로 일어난 일로 투자자의 마음을 다급하게 합니다. 계획에 없던 일이기에 주가가 하락할수록 불안감이 더욱 가중됩니다. 결국, 참지 못한 투자자가 손절매를 하는 경우가 많습니다. 주식 시장에서 빠른 판단으로 손절매하는 기술은 필요합니다. 다만, 물타기를 하면서 버티다가 결국 손절매하는 것은 애초에 물타기를 하지 않았다면 일어날 손해보다 더 큰 손실을 끼칩니다. 앞의 사례에서 10,000원인 주식이 9,500원일 때 팔았다면 5만 원의 손실입니다. 하지만 물타기를 거듭한 까닭에 애초의 10,000원보다는 평균매입단가는 낮아졌지만, 손절매를 함으로써 손해가 30만 원 발생했습니다.

예정 없던 물타기는 심리전에 밀린다

물론 물타기한 주식이 매번 더 떨어지는 것은 아닙니다. 물타기를 하면서 평균단가를 낮췄는데 기대에 부응하며 주가가 상승하면 수익도 커질 수 있습니다. 다만 앞서 말했듯, 물타기는 애초에 계획했던 일이 아닙니다. 심리적으로 위축된 투자자가 어떻게든 손실을 더 낮춰보고자 자금을 더 투입하는 행위이며, 하락이 진행될수록 손실을 낮추기 위해 더 많은 투자금이 필요하므로 어느 순간 한계에 도달하게 됩니다. 애초에 100만 원을 투입해 10,000원에 산 주식이 9,500원으로 하락했을 땐, 손절매를 통해 손실을 최소화하거나 가치를 믿고 오를 때까지 느긋하게 기다릴 수 있는 마음이 있습니다. 하지만 물타기를 통해 즉흥적으로 투입된 자금이 커질수록 위험이 가중돼 느긋한 마음은 사라집니다. 더군다나 물타기에 투입된 자금이 본인의 여윳돈이 아니라 신용, 미수 등의 돈이라면 더욱 다급해집니다.

좀 더 얘기해볼까요? 이 투자가 물타기 끝에 손절매했다고 끝이 날까요? 만약 주가가 더 하락했다고 보죠. 물타기를 한 투자자는 모두 팔아버리길 잘했다고 안도하면서도 매도가보다 더 낮아진 싼 가격에 대한 유혹을 떨쳐버리지 못하고 다시 전량 매수를 하는 대범함을 보이는 일이 허다합니다. 반대로 주가가 오르면 어떻게 될까요? 주가가 12,000원으로 상승한 경우, 8,500원에 전량 매도했던 물타기 투자자는 아쉬움에 뒤늦게 고점 추격 매수를 하게 되는 불상사까지 발생하게 됩니다. 이처럼 계획에 없던 물타기 및 이성을 잃은 추격매수는 투자의 실패확률을 높이는 요소임을 기억하고 가급적 지양해야 합니다. 산 주식이 오르길 바라며 언제 끝날지 모를 물타기보다 본인의 계획 안에서 움직이는 분할 매수 하는 투자자가 시장에서 오래 살아남습니다.

016

주식 거래에도
세금을 내야 하나요?

주식 거래에도 세금이 있습니다. 다만 부동산에 부과되는 세금과는 조금 다릅니다. 여기에서는 주식 관련 세금을 상세히 알아보죠.

1. 증권거래세 0.25%

증권거래세는 주식을 팔 때 해당 주식의 양도가액에 부과하는 세금입니다. 양도가액이란, 양도(매도) 당시 양도자(매도자)와 양수자(매수자)가 실제로 거래한 가액을 뜻합니다. 증권거래세는 이익을 냈을 때뿐만 아니라 손해를 보더라도 과세합니다.

그동안 증권거래세는 0.3%였으나 증권거래세법 시행령 개정안에 따라 2019년 5월 30일부터 0.25%로 인하되었습니다. 따라서 코스피, 코스닥 모두 0.25%의 증권거래세가 부과됩니다.

2. 배당소득세

① 연간 2,000만 원 이하 배당은 분리과세 15.4%

배당이란, 기업이 한 해 동안 영업을 통해 얻은 이익금을 주식을 가진 사람들에게 그 소유 지분에 따라 이익을 배분하는 것을 말합니다. 주식회사는 이윤을 극대화하는 것이 목적이고, 이윤을 분배하는 배당에 참여할 수 있는 권리는 주주에게 있습니다. 이렇게 주주에게 배당소득이 발생했을 때 부과하는 세금이 배당소득세입니다. 1년 동안 받은 배당소득이 연간 2,000만 원 이하의 경우 14%(주민세 포함 15.4%)의 분리과세로 배당소득세가 부과되며, 2,000만 원을 초과하면 분리과세되지 않고 종합소득에 합산해 과세됩니다.

② 연 2,000만 원 초과 배당은 종합소득세

주식을 비롯해 예·적금, 펀드 등에서 발생한 이자나 배당 소득이 연간 2,000만 원을 넘으면 연금·사업·근로소득 등과 합산해 종합소득세 신고를 해야 합니다. 다른 소득들에 금융소득을 합산한 종합소득 구간에 따라 6~42%의 누진세율을 적용합니다.

종합소득세율

구분	내용	주요
~1,200만 원 이하	6%	
1,200만 원 초과~4,600만 원 이하	15%	108만 원
4,600만 원 초과~8,800만 원 이하	24%	522만 원
8,800만 원 초과~1억 5,000만 원 이하	35%	1,490만 원
1억 5,000만 원 초과~3억 원 이하	38%	1,940만 원
3억 원 초과~5억 원 이하	40%	2,540만 원
5억 원 초과	42%	3,540만 원

3. 양도소득세(대주주만 해당)

소액주주가 장내에서 거래하는 주식에는 양도소득세가 부과되지 않습니다. 또한 한국장외주식 시장(K-OTC)을 통해 소액주주가 대통령령으로 정하는 중소기업 및 중견기업의 비상장 주식을 양도하는 경우에도 양도소득세를 납부하지 않습니다. 하지만 대주주는 다릅니다. 대주주가 소유한 주식 등을 양도하는 경우에는 단 1주를 양도해도 양도소득세 과세대상이죠. 대주주의 기준은 코스피의 경우 상장 종목의 지분 1% 이상을 보유하거나 종목당 주식평가액이 15억 원 이상인 투자자입니다. 대주주 여부를 판단하는 기준시점은 직전 연말 배당기준일이며 개별종목당 계산합니다. 양도소득세 신고기한은 양도일이 속하는 반기의 말일부터 2개월 내입니다. 주식 매매로 손실이 발생한 경우 양도소득세는 부과되지 않습니다.

세율 적용 시 대주주 요건

구분	2018년 4월 1일 이후	2020년 4월 1일 이후	2021년 4월 21일 이후
코스피	주식 소유비율 1% 이상 또는 종목당 시가총액 15억 원 이상	주식 소유비율 1% 이상 또는 종목당 시가총액 10억 원 이상	주식 소유비율 1% 이상 또는 종목당 시가총액 3억 원 이상
코스닥	주식 소유비율 2% 이상 또는 종목당 시가총액 15억 원 이상	주식 소유비율 2% 이상 또는 종목당 시가총액 10억 원 이상	주식 소유비율 2% 또는 종목당 시가총액 3억 원 이상
코넥스	주식 소유비율 4% 이상 또는 종목당 시가총액 10억 원 이상	주식 소유비율 4% 이상 또는 종목당 시가총액 10억 원 이상	주식 소유비율 4% 이상 또는 종목당 시가총액 3억 원 이상

*코넥스 : 코스닥 시장 상장요건을 충족시키지 못하는 벤처기업과 중소기업 등 일정 요건을 갖춘 비상장기업에 문호를 개방하기 위해 2013년 7월1일 개설한 제3의 주식 시장.

 Point |

12월에는 양도소득세를 피하고자 하는 개인 투자자들의 폭탄매도가 진행되기 때문에, 시장 흐름이 다른 달에 비해 부진한 경우가 많습니다. 따라서 연말 장세에는 큰 욕심을 내기보다, 다음 해 연초에 반짝 상승하는 '1월 효과'를 준비한다는 마음으로 전략을 세우세요!

4. 결론

여러분이 대주주가 아닌 소액주주라면 양도소득세가 부과되지 않으니 증권거래세 0.25%만 부과됩니다. 여기에 증권사마다 위탁 수수료(HTS·MTS 경우 최저 0.015%)가 있습니다. 500만 원에 주식을 구입해 650만 원에 팔았다면 비용은 총 17,975원입니다.

① 매수 시 : 위탁 수수료 = 500만 원×0.015%=750원

② 매도 시 : 위탁 수수료 = 650만 원×0.015%=975원

증권거래세 = 650만 원×0.25%=16,250원

①+②=17,975원

017

주식 투자는 하락 시에 수익을 낼 수 없나요?

A 국내에서 개인들이 매매하는 일반적인 주식 거래 방법을 이용한다고 가정하면 주식 투자는 오르는 경우에만 수익을 낼 수 있는 것이 맞습니다. 국내 주식 시장에 상장되어 있는 회사의 주식은 결국 그 회사의 가치를 나타내고 있습니다. 회사의 가치가 앞으로 더 상승할 사유가 있다고 판단될 시에 그 회사의 주식을 매수함으로써 시세차익을 기대할 수 있는 매매가 주식 투자입니다.

하지만 주식 현물 시장에도 주식 가격이 하락할 때도 수익을 낼 수 있는 구조가 있습니다. 바로 '공매도(short selling)'라는 투자 방법입니다. 공매도란, 말 그대로 '없는 것을 판다'는 뜻으로 이해할 수 있습니다. 일반적인 주식 거래의 순서가 매수 → 매도인데, 공매도는 매도 → 매수의 순서를 가집니다. 먼저 '사고' 파느냐, 먼저 '팔고' 사느냐가 이 두 투자법의 가장 큰 차이입니다. 그럼 어떻게 갖고 있지도 않은 주식을 먼저 팔 수가 있을까요? 이해를 돕기 위해 쉬운 예를 들어보겠습니다.

현재 1만 원 수준인 A종목이 앞으로 상승할 것으로 기대되면 A종목을 산 후 가격이 1만 원보다 오를 때까지 보유한 뒤 팔면 됩니다. 하지만 A종목이 항상 오르는 일만 있는 것은 아니겠죠. 반대로 A종목이 앞으로 하락할 이슈가 있다고 판단된다면 어떤 투자를 할 수 있을까요? 시장에서 A종목을 가진 사람에게 빌릴 수 있는 제도가 있습니다. 나기대는 A종목이 상승할 것이라 판단해 잔고에 보유 중입니다. 하지만 김신중은 A종목이 나기대의 예상과는 다르게 하락할 것으로 보고 있습니다. 그럼 김신중은 공매도를 위해 나기대에게 A종목을 빌릴 수 있습니다. 김신중은 빌린 A종목을 1만 원에 시장에서 먼저 매도하고, 이후 예측대로 A종목이 하락해 8,000원에 다시 되살 수 있는 상태가 되었다면, 8,000원에 A종목을 매수해 나기대에게 빌린 주식을 상환합니다. 김신중은 공매도라는 방법을 이용해 A종목 1주당 2,000원의 수익을 발생시켰으며 나기대는 잔고에 A종목이 그대로 보유하게 되었으니 나기대에게도 주가 하락 이외의 피해는 없습니다.

단, 우리나라는 현행법상 무차입 공매도는 법으로 금지하고 있기 때문에 이런 거래를 위해서 기본적으로 '대차'라는 약정이 필요한데, 나기대가 자신의 주식인 A종목을 공매도 등으로 활용하

기 위해 빌려가길 원하는 사람이 있다면 소정의 이자를 받고 빌려
주겠다는 약정을 하는 것이 대차 약정입니다. 공매도하겠다고 남
의 주식 잔고를 허락 없이 가져갈 수는 없기 때문에 먼저 이런 약
정이 필요한 것입니다.

　보통 이런 공매도 거래는 주가의 급락을 불러올 수 있어 제도적
으로 많은 제약을 두고 있습니다. 아직은 외국인과 기관 등 메이저
투자자들의 전유물로 활용되고 있지만, 개인 투자자들도 신용 계
좌를 개설 후 대차거래를 통해 공매도를 활용할 수 있습니다. 이외
에도 'KODEX 인버스'처럼 지수가 하락할 때 수익을 만들 수 있
는 구조로 설계된 ETF 상품들을 매수하는 것도 하락 시에 수익을
기대할 수 있는 투자법이 될 수 있습니다.

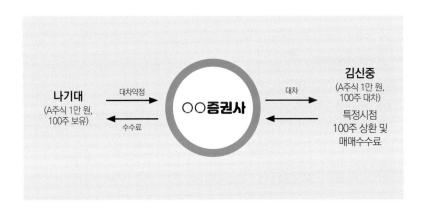

018

CFD 투자법으로 주식 상승장과 하락장에 대응하는 방법

A 최근 투자자들의 다양한 니즈에 맞추어 국내 일부 증권사들이 새로운 투자법을 개인 고객들에게 제공하고 있습니다. 그중 대표적인 것이 CFD(Contract For Difference, 차액결제계약)입니다. CFD거래란, 주식 등 투자 상품을 보유하지 않고 진입가격과 청산가격의 차액(매매 차익)만 현금으로 결제하는 장외파생상품입니다. CFD를 활용하면 최소 10%의 증거금으로 매수·매도 주문을 낼 수 있어 10배까지 레버리지 활용이 가능하고, 금융회사가 투자자를 대신해 주식을 매매해주기 때문에 양도세를 내지 않는다는 장점이 있습니다. 다만 CFD를 이용하기 위해서는 전문 투자자로 등록해야 하는데, 투자 경험 요건(필수)과 소득요건, 전문가 요건, 자산 요건 중 한 가지 이상을 충족해야 합니다.

CFD 전문가등록 심사항목		요건
투자 경험 요건(필수요건)		• 최근 5년 중 1년 이상 • (금융투자상품 인정 잔고) 월말 평균 5,000만 원 이상
선택요건 택 1	① 소득 요건	1억 원 또는 부부합산 1억 5,000만 원
	② 전문가 요건	(1) 회계사, 감정평가사, 변호사, 변리사, 세무사 (2) 투자자산운용사, 금융 투자 분석사, (국제) 재무위험관리사
	③ 자산 요건 (증빙서류 : 신청일 전일 기준)	부부합산 거주 부동산 관련 금액을 제외한 순 재산가액 5억 원

CFD라는 용어 자체가 생소할 수 있으니, 삼성전자를 예로 들어 설명해보겠습니다.

| 예시 | HTS의 삼성전자 주문 창

그림에서 보듯, 삼성전자 주가가 1주당 53,100원이니 100만 원으로 18주를 매수할 수 있습니다. 하지만 CFD를 이용해 매매하면 일반 주식 거래를 하는 것보다 더 많은 수량을 매수할 수 있습니다. 아래 화면에서 삼성전자를 CFD를 통해 매매할 경우 증거금률이 15%라고 나와 있는데 7,965원만 있으면 53,100원의 삼성전자 1주를 매수할 수 있다는 뜻입니다(증거금률은 증권사마다 다를 수 있습니다). 따라서 100만 원 전액을 CFD로 삼성전자를 매수할 경우 약 125주 가량을 매수할 수 있습니다. 같은 투자 금액을 가지고도 더 많은 주식수를 보유할 수 있게 됨에 따라 더 높은 투자 수익을 기대할 수 있는 투자법입니다. CFD 매매는 증권사별로 차이가 있을 수 있지만, 보통 주식명 옆에 CFD로 표시해 일반 주식 거래와 구분하고 있습니다.

| 예시 | 삼성전자 CFD, 증거금률이 15%임이 표시돼 있습니다(증권사마다 상이).

CFD를 이용하면 적은 자본으로 많은 주식을 매수할 수 있어 레버리지 효과가 뛰어납니다. 또한 CFD의 매력은 개인 투자자도 가격 하락에 대비할 수 있다는 점입니다. 가령 삼성전자의 주식 가격이 앞으로 상승할 것이라 판단하고 투자 자금 대비 수익을 극대화하기 원한다면 CFD 증거금률을 이용해 매수하면 됩니다. 반대로 삼성전자의 주식 가격이 하락할 것이라 예상된다면 CFD 매매를 통해 하락 방향으로 투자하면 됩니다. 다만 사전에 대차 약정을 맺은 고객들이 공매도를 이용할 수 있는 것처럼, CFD 매매는 해당 증권사에 따라 매도 가능 수량이 제한될 수 있습니다.

CFD를 이용한 투자는 모든 일반 고객들에게 제공되는 서비스가 아닌, 일정한 자산 이상을 보유한 고객이 증권사를 통해 CFD 매매를 하겠다는 신청을 하면 심사 후 서비스가 제공되는 구조로 운영되고 있습니다. 그 이유는 레버리지가 큰 상품이기 때문에 투자손실에 따른 위험을 감내할 수 있는 투자자들을 선별하기 위함입니다. 그럼에도 불구하고 합리적인 판단하에 적절한 레버리지의 이용은 수익을 더 극대화할 수 있는 매력을 지니고 있으므로 공부해 둘 가치가 있는 투자법입니다.

적립식펀드는
무조건 이익일까요?

A　결론부터 말하면, 세상에 무조건 좋은 것은 없습니다. 적립식 펀드는 적금의 이자보다 더 높은 수익이 나기도 하지만 원금마저 잃을 수도 있습니다. 우선 펀드가 뭔지에 대해 알아보고, 적립식 펀드를 살펴본 뒤 적금과의 차이를 배워보죠.

펀드란, 여러 사람들로부터 모인 돈을 주식이나 채권 등에 투자하는 상품을 말합니다. 시간이 없거나 금융상품에 대해 전문지식이 부족한 사람들이 투자 자금을 증권사나 투신사에 맡기면 운용전문가가 다수의 자금을 대신 운용해주고 성과에 따라 수익을 배분하는 형태입니다. 펀드는 투자 대상과 주식 편입비율에 따라 다양한 종류가 있습니다.

펀드 종류

1. 주식형(수익률 〉안정성)

적립금액의 60% 이상을 주식에 투자합니다. 주가 상승과 하락에 의해서 수익이 결정되는 방식으로, 적립식 펀드 중 수익률이 가장 높습니다. 다만 주식에 60% 이상 투자를 하는 방식이라 위험이 따릅니다.

2. 채권형(수익률 〈 안정성)

고객의 자금을 60% 이상 국공채·회사채 등의 채권에 투자하는 펀드입니다. 위험은 적지만, 기대 수익률은 낮은 편으로 안정성을 중요하게 생각하시는 분들이 많이 이용하는 유형입니다.

3. 혼합형(수익률=안정성)

주식과 채권 중 어느 한쪽에 60% 이상 치우치지 않도록 혼합한 펀드입니다. 금융기관마다 다양한 혼합형 펀드를 취급하고 있으므로 투자 목적과 위험성을 감안해 선택해야 합니다.

적금처럼 납입하는 적립식 펀드

적립식 펀드는 매월 일정 금액을 불입하는 방식으로 목돈 없이도 수익을 기대해볼 수 있어 매월 급여를 받는 직장인이나 사회

초년생도 투자가 가능합니다. 하지만 운용실적에 따라 수익이 달라지기 때문에 만기 때 주가가 떨어지게 되면 수익률도 같이 낮아지거나 심한 경우에는 원금 손실도 감수해야 하는 위험이 따르기도 합니다.

적립식 펀드는 투자의 일환이라서 단기간의 수익률을 기대하는 것보다 장기간의 투자로 수익률을 기대해볼 수 있습니다. 적립식 펀드의 핵심은 꾸준함인데, 비용평균화 효과 때문입니다. 비용평균화 효과(Cost Averaging Effect)란, 일정한 금액으로 주식을 꾸준히 매입했을 때 주가가 낮을 때는 많이 사게 되고, 주가가 높을 때는 적게 매입하게 되어 평균 매입 단가가 낮아지는 이치입니다. 이 밖에 펀드의 유형으로는 목돈을 한꺼번에 납입하는 거치식 펀드와 최초 투자금을 넣고 수시로 자유롭게 납입하는 임의식 펀드 등이 있습니다.

결론적으로 은행 적금은 원금이 보장되는 반면 이자율이 낮은 단점이 있고, 펀드는 은행이자보다 높은 수익률을 기대할 수 있지만, 원금이 보장되지 않는 단점이 있습니다. 따라서 적금에 가입하느냐, 펀드에 가입하느냐는 본인의 투자 성향에 맞게 신택하시면 됩니다.

020
주식 투자에
좋은 시기가 있나요?

A 주식 투자에 절대적으로 좋고, 절대적으로 나쁠 때는 없습니다. 종합주가지수(KOSPI)가 오를 때가 있고, 내릴 때도 있지만 그 안에서 개별 종목들의 주가가 산술평균적으로 등락하는 것은 아닙니다. 코스피 지수는 올랐는데 내가 보유하고 있는 종목의 주가는 하락할 수도 있고, 코스피 지수는 내렸는데 보유 종목의 주가는 오를 수도 있죠. 산에는 여러 가지 나무가 있습니다. 거센 바람에도 끄떡없는 나무부터, 잔바람에도 위태위태한 나무까지 여러 종류가 있죠. 따라서 주식 투자를 할 때는 산과 나무 둘다 살피는 지혜가 필요합니다.

누구나 저점에 사서 고점에 팔고 싶지만, 실제 투자 양상을 보면 다르게 움직이는 경우가 있습니다. 고점에 사서 저점에 파는 경우가 많은 것이죠. 왜 이런 현상이 나타날까요? 평론가들은 다음과 같이 4가지 이유라고 말합니다.

첫째, 시장수익률 이상을 얻을 수 있다는 과도한 자신감
둘째, 나만의 시장 패턴을 알아냈다고 믿는 왜곡된 판단
셋째, 남들이 투자하는 곳에 나도 따라 투자하는 군중심리
넷째, 투자 손실이 발생할 때, 더 손해 보기 전에 팔아야지 하는
　　　위험 회피 행동

이런 원인으로 낮게 사서 높게 팔아야 함에도 높게 사서 낮게 파는 우를 범하는 거죠. 시장 수익률을 온전히 나의 수익률로 만들기 위해서는 시기에 의존한 투자보다는 수익률의 변동성을 최소화하고, 장기 및 분산 투자를 통해 적절한 수익률을 확보하는 게 더 쉽고 올바른 투자라는 것을 명심해야 합니다. '투자'란 장기간에 걸쳐 합리적으로 예측되는 수익을 얻기 위한 행동이므로, 단기적으로 요행을 바라는 '투기'와는 철저히 구분돼야 합니다.

🖊️ Point | 실패하는 투자자들의 유형, 혹시 당신은?

- **좌지우지형** : 자신만의 매매 원칙이 없거나 상황에 따라 계속 변화한다.

- **새가슴형** : 손실에는 관대하고, 작은 수익에 만족한다.

- **독불장군형** : 뉴스와 재료를 자신의 입맛에 맞게 해석하고 대응한다.

- **서민형** : 비싼 주식을 적게 갖는 것보다 싼 주식을 많이 갖고 싶어한다.

- **내로남불형** : 자신의 잘못은 끝없이 합리화시키면서 시장 탓을 한다.

021

종합주가지수^{KOSPI}를 꼭 봐야 할까요?

A 종합주가지수는 주가가 과거에 비해 얼마나 뛰었는지 조사한 것으로, 주식 투자를 한다고 매일 이 주가지수를 연구해야 하는 건 아닙니다. 다만, 주가지수와 개별 종목은 상관관계가 일부 작용하기 때문에 진정한 투자자라면 주가지수를 체크하는 습관을 들이셔야 합니다.

주식 투자를 하다 보면 처음에는 주가지수를 잘 확인하다가도 어느 시기가 지나면 자신의 종목만 체크하는 경우가 많습니다. 900개가 넘는 기업의 주가를 모두 반영하는 코스피지수, 1,400개가 넘는 기업의 주가를 모두 반영하는 코스닥지수로는 개별 종목의 정확한 수준을 알 수 없는 게 사실이죠. 전체 주가를 투자 대상으로 삼는 인덱스펀드 투자자나 선물·옵션 투자자가 아니라면, 결국 중요한 건 자신이 산 주식이 오를지 안 오를지 여부라는 생각에 개별 종목의 주가만 확인하는 경우가 많습니다.

 그럼에도 불구하고 주가지수를 살펴야 하는 이유는 주식 시장은 심리적 영향을 많이 받는 곳이기 때문입니다. 주가지수 하락에 심리적 영향을 받은 투자자들이 주식을 매도하고, 매수자는 관망세를 보이며 매수를 꺼릴 때 거래가 잘 이뤄지지 않겠죠, 그에 따라 종목 주가도 더욱 하락할 수 있고요. 주식 투자는 다수의 사람들이 참여하는 시장이므로 흔들리는 주가지수에 영향을 받는 투자자들이 있다는 점을 잊지 않으면 좋습니다. 결론적으로 주가지수를 참고하면서 투자하되, 전체 주가가 올랐으니 내가 투자한 기업 주가도 비싸진 것 아니냐는 생각보다는, 내가 투자한 기업 가치가 현재 주가와 비교할 때 어떤지를 봐야 합니다.

| 예시 | 종합주가지수(KOSPI)

🖊 Point |

지수가 상승하는 구간에서는 대다수의 종목들이 시장을 따라서 올라가지만, 지수가 하락하는 구간에서는 버티거나 올라가는 종목 수가 현저하게 줄어듭니다. 따라서 지수가 하락하는 구간에서 버티거나 올라가는 종목을 발굴하는 것이 가장 기초적이고도 중요한 투자 비법입니다.

- **코스피 지수** : 1980년 1월 4일 시점의 시가총액을 100으로 놓고 이를 기준으로 현재 시점의 시가총액을 구한 뒤 100을 곱한 것입니다. 예를 들어, 코스피가 2,100이라면 기준 시점에 비해 시가총액이 20배 올랐다는 뜻입니다.

- **코스닥 지수** : 1996년 7월 1일을 기준시점 100으로 놓았으나, 2004년 1월 26일부터 기준지수가 1,000으로 조정되었습니다.

- **코스피200 지수** : 우리나라를 대표하는 200개 기업의 시가총액을 지수화한 것으로, 선정되는 기준은 유가증권시장의 전 종목 가운데 시장 대표성, 유동성, 대표업종을 기준으로 시가총액과 거래량이 큰 순으로 선정됩니다.

Q 022

블루칩과 옐로우칩,
스몰캡이란 무엇인가요?

A 블루칩, 옐로우칩, 스몰캡은 주식 투자를 하다 보면 자주 등장하는 단어 중 하나입니다. 하나씩 설명해드리겠습니다.

1. 블루칩(blue-chip)

삼성전자, 포스코, 현대자동차 등 재무구조가 견실하고 경기변동에 강한 대형우량주들을 뜻하는 말입니다. 블루칩은 포커 게임에서 돈 대신 사용하는 흰색과 붉은색, 파란색 칩 가운데 파란색이 가장 비싼 값에 사용된 데서 유래했다는 설이 있습니다. 블루칩은 오랜 기간 안정적으로 이익을 내고 배당해온 기업들로서 대개 가격은 비싸지만, 시장점유율이 높은 업종 대표주들이 속합니다. 블루칩의 공통점은 안정적인 이익 창출, 높은 질의 유형자산, 낮은 부채비율, 매출 및 이익의 성장성, 동종산업에서의 경쟁력 등입니다. 대부분의 블루칩은 해당 산업 내에서 리더로서 그 상품이나 서비스가 소비자들에게 높은 인지도를 가지고 있습니다.

그러나 이런 장점은 반대로 성장주 또는 중소형주가 강세를 보이는 시장 활황기에서는 매력을 잃는 경향이 있습니다. 성장주에 비해 높은 수익률을 제공하지 못하기 때문입니다. 블루칩은 단기간에 시장 평균보다 높은 수익률을 얻고자 하는 투자자들에게는 적합한 투자 대상이 아니지만, 저평가되어 있는 블루칩을 선택한 경우 높은 수익률을 얻기도 합니다. 장기적으로 볼 때 블루칩의 가장 큰 장점은 회사의 이익 성장과 함께 주가가 상승하는 것뿐만 아니라 안정적인 배당금 지급입니다.

2. 옐로우칩(Yellow-chip)

옐로우칩은 '중저가 우량주'를 뜻합니다. 보통 블루칩보다는 한 단계 낮은 2등 종목군들이 옐로우칩을 구성합니다. 블루칩에 비해 가격이 싸고 업종 내 위상도 낮으면서 시가총액도 적지만 재무구조가 안정적이고 블루칩과 더불어 업종을 대표할 수 있는 우량 종목들이 바로 옐로우칩입니다. 블루칩보다는 주목을 덜 받지만, 시장 상승기에는 블루칩보다 가격의 변동 폭이 커 수익률에는 유리할 수 있습니다.

이 외에도 레드칩(red-chip), 그린칩(green-chip) 등이 있습니다. 레드칩은 중국 정부와 국영 기업이 최대 주주로 참여해 홍콩 주식 시장에 상장된 기업을 지칭하는 용어입니다. 또 다른 의미로 남북한 경협주를 비롯해, 러시아 등 북방 주식을 레드칩이라 부르기도 합니다.

그린칩은 환경 및 그린 에너지와 관련 있는 주식으로, 주로 태양광, 풍력 등 대체 에너지와 관련된 업종의 주식을 의미합니다.

3. 스몰캡(Small-Cap)

시가총액이 적은 중소형주를 의미합니다. 사전적 구분은 시가총액 상위 100위까지를 대형주(Large Cap), 상위 101위부터 300위까지를 중형주(Middle Cap), 나머지 종목을 소형주(Small Cap)로 분류합니다. 증권사에서는 시가총액 1,000억 원 이상 시가총액 1조 원 이하의 종목을 스몰캡으로 분류하기도 합니다.

대부분의 개인 가치 투자자들은 소형주인 스몰캡 위주로 주식 투자를 하는 경우가 많습니다. 작지만 해당 분야에서 강한 회사들이 얼마든지 많다는 확신을 갖고 말이죠.

대형주는 많은 투자자들이 지속적으로 지켜보고, 해당 회사의 변동사항을 지속적으로 주가에 반영시키기 때문에 큰 초과수익을 내기 힘든 반면, 스몰캡들은 많은 투자자들이 관심을 갖지 않기에 해당 주가가 저평가되어 큰 초과 수익을 낼 수 있다고 믿는 점도 한몫합니다.

물론 맞는 말이지만, 스몰캡의 위험성도 존재합니다. 막강한 자본력과 기술력을 바탕으로 큰 기업들이 노린다면 과거 및 현재의 독점력이 유지될 수 없는 경우가 많고 이익률도 급감하는 경우가 있습니다. 또한 투자하고 있는 스몰캡들의 가치가 시장에서 큼에도 불구하고 많은 투자자들의 관심 밖으로 밀려나 처음 투자 시에 생각했던 예상 투자 기간보다 훨씬 길어질 수 있습니다.

A 우선, 시가총액이란 의미를 먼저 살펴보지요. 대부분의 사람들이 처음 주식 투자를 시작할 때 '1주의 가격이 얼마인가?'를 중요하게 생각합니다. 1주의 가격이 높으면 마치 회사의 가치가 높은 것처럼 보이는 착시 현상이 일어나기 때문이죠. 하지만 회사의 가치는 1주당 가격이 아니라 시가총액으로 판단할 수 있습니다. 시가총액은 그 종목의 발행 주식수에 주가를 곱한 것으로 회사의 규모와 가치를 나타냅니다. 한 예로, A주가는 1,200원이고, B주가는 12,000원입니다. 그렇다면 B회사가 A회사보다 10배 더 큰 회사일까요? A주식의 발행 수는 10,000주이며, B주식의 발행 수는 100주라고 해보죠. 그렇다면 A주식의 시가총액은 1,200만 원으로, B주식의 시가총액인 120만 원보다 10배가 더 많습니다.

기업에 투자하기 전에 시가총액을 꼭 확인해야 하는 이유, 아셨죠? 1주당 가격이 높은데 주식수가 적으면 시가총액이 낮습니다. 주식수가 적으면 주식의 유동성이 떨어지기 때문에 거래가 활발하지 않아 현금화가 어려울 수 있습니다. 아무리 고가의 주식을 보유하고 있어도 이를 현금으로 바꾸기가 어렵다면 진정한 자산이라고 보기 힘들겠죠.

앞서 스몰캡의 장단점을 말씀드린 바와 같이, 시가총액이 적은 주식은 조금만 수익이 나도 주가가 오를 수 있지만 반대로 조금만 손실이 나도 주가에 큰 영향을 미칩니다. 더불어 오랜 기간 낮은 시가총액으로 횡보하는 회사라면 성장성의 부재나 오너 리스크가 존재할 수 있습니다. 상장이 얼마 안 된 주식이라면 경영 능력과 지속적 수익 능력에 대한 입증이 어려울 수 있습니다. 따라서 투자 시에는 많은 분석과 시장조사가 필요합니다.

'달걀을 한 바구니에 담지 말라'는 투자 격언이 있듯, 주식 투자도 한 종목에 집중하는 투자보다는 분산 투자를 통해 리스크 관리를 해야 합니다. 하지만 사람 욕심은 100만 원어치 10종목 사는 것보다 당장 오를 것 같은 한 종목에 1,000만 원 투자하는 것을 좋아합니다. 예상대로 오르면 금세 큰 수익이 나기 때문이죠. 하지만 하락했을 때도 생각해야 합니다. 분산 투자를 하면 종목당 손해가 크지 않기에 팔 수 있지만, 한 곳에 모두 투자하면 손절매하기 쉽지 않습니다.

◐ Point |

잘생긴 주식(시가총액이 큰 주식)은 사상 최대실적과 신고가, 주주 우선 정책 등 얼굴값을 하고, 못생긴 주식(시가총액이 낮거나 동전 주식)은 적자 확대와 신저가, 유상증자 등 꼴값하는 경우를 자주 보게 될 것입니다.

024

미국과 중국, 일본 등 해외 증시는 왜 중요한가요?

A 결론부터 말하자면, 해외 증시도 챙겨보시는 게 주식 투자에 도움이 됩니다. 그 이유는 주식 시장의 '동조화 현상' 때문인데, 동조화란, 한 국가의 경제 현황이 다른 국가의 경제 현황에 큰 영향을 미치는 현상으로 '커플링(coupling)'이라 칭하기도 합니다. 증권가의 오랜 속설 중에는 '미국 증시가 기침만 해도 한국 증시는 감기에 걸린다'라는 말이 있습니다. 한국 경제는 내수보다는 수출 주도형이기 때문에 주변 강대국들의 영향력이 막강해서 대외변수에 민감할 수 밖에 없습니다.

정보통신기술의 발달로 시간과 공간의 벽이 허물어져, 전 세계 이슈 및 사건 사고가 실시간으로 전해지고 있습니다. 미국 주식 시장은 규모가 가장 크고 정보가 가장 빨리 포착되는 곳입니다. 따라서 미국의 투자자들이 이런 정보를 어떻게 판단해 투자에 활용하느냐는 세계 주식 시장의 기준이 될 수 있습니다. 예를 들면, 미국의 기관투자가들은 미국은 물론 한국에도 투자합니다. 따라서 대규모 기관 투자가가 투자금을 거둬들이거나 늘릴 경우, 주가에 큰 영향을 미치죠. 주식 투자자들이 증시 개장에 앞서 전날 미국 증시를 점검하는 이유도 이 같은 맥락에서입니다. 이 같은 동조화 현상은 미국뿐 아니라 우리나라 주변국인 일본과 중국의 영향도 받습니다.

증시 동조화는 심리적인 요인에도 영향을 받습니다. 시장 규모가 작을수록, 단기 투자가 많을수록 동조화 현상이 강하게 나타납니다. 따라서 동조화 현상을 줄이려면 장기적 안목으로 가치 투자를 지향하는 합리적인 투자 문화가 자리 잡혀야 합니다. 또한, 국내 기업들이 해외 경제 상황에 큰 타격을 받지 않을 정도로 체질이 개선될 경우 동조화 현상은 줄어들 수 있습니다.

025

증권사 리포트,
어디까지 믿어야 하나요?

A 리포트를 믿고 투자했는데 오히려 주가가 내려가는 경우가 종종 발생할 수 있습니다. 이 페이지에서는 증권사 리포트가 뭔지, 어디서 확인할 수 있는지, 신뢰도는 어떤지에 대해 알아보겠습니다.

각 증권사 애널리스트들이 상장 기업들을 꼼꼼히 분석해 내놓는 증권사 리포트는 투자의 기본 지침서입니다. 기관 투자가들은 물론이고, 상대적으로 정보가 취약한 개인 투자자들에게 중요한 안내자 구실을 하기 때문이죠. 증권사 리포트는 각 증권사 홈페이지에서 해당 증권사가 제공하는 리포트를 확인할 수 있습니다. 또한 '네이버(https://finance.naver.com/research)', '한경닷컴 기업리포트(https://hkconsensus.hankyung.com)', '매일경제 증권사 리포트(http://vip.mk.co.kr/newSt)등을 통해 각 증권사가 제공하는 리포트를 확인할 수 있습니다.

포털사이트 NAVER의 금융-투자 전략 란에서 각 증권사가 제공한 리포트를 볼 수 있습니다.

한경닷컴-기업리포트 란에서 각 증권사 리포트를 볼 수 있습니다.

사실 증권사의 리포트 한 줄에 투자의 흐름이 바뀌고 시장은 출렁일 수 있습니다. 얼마나 권위 있는 리포트를 내는가가 해당 증권사의 영향력을 가늠하는 바로미터가 되는 것도 이 때문입니다. 그럼에도 불구하고 증권사 리포트가 투자자들에게 신뢰를 주지 못하는 것도 현실입니다. 이는 리포트 풍토 때문입니다. 외국에선 기업 분석이 힘들다고 판단하면 아예 해당 기업에 대한 투자 의견을 낼 수 없다고 선언하는가 하면, 문제가 있는 기업의 주식에 대해서는 거침없는 매도 의견을 내는 문화가 조성돼 있어 신뢰도가 그만큼 높습니다. 하지만 우리나라에선 '매수(Buy)' 의견 한쪽으로만 투자 의견이 쏠려 있어 오히려 투자 판단을 흐릴 수 있다는 지적이 많습니다.

사실, 리포트의 대다수가 '매수'를 차지할 수밖에 없는 이유는 구조적인 문제도 한몫합니다. 일부 상장사들은 증권사들이 공개 보고서를 쓰다 보니 정보를 제한적으로 제공하고, 불리한 보고서를 쓰면 비공식적으로 출입정지를 하거나 아예 정보를 차단하는 경우도 있습니다. 증권사가 특정 기업과 투자 등 중요한 거래를 진행하는 시기엔 거래가 깨질 수도 있는 만큼 눈치껏 자제하기도 합니다. 또한 '매도' 의견을 냈을 때 주식을 대량 보유한 기관 투자자 및 펀드 매니저의 눈총을 받는 경우도 있는 등 자유롭게 매도 의견을 피력하지 못하는 분위기가 존재합니다. 마치 음식 배달전문 어플에서 몇 음식점이 맛이 없다고 노출하기 힘든 것처럼 말이지요. 따라서 주식 투자자들은 증권사 리포트를 참고는 하되, 전

적으로 맹신하는 자세는 피하고 여러가지 정보를 취합하는 자세
가 필요합니다.

Plus tip **증권사 매수 추천 리포트 활용법**

1. 매수 추천 후 진짜로 기관들이 매수하는지 확인

2. 증권사 리포트 5단계

    강력매수 → 매수 → 보유 → 매도 → 강력매도

    ➡ 한 단계씩 하향해서 매매판단 전략, 즉 매수하라는 리포트는 보
    유하라는 의미이며, 보유하라는 리포트는 매도하라는 의미로 해
    석한다.

3. 섹시한 키워드에 주목

    • 영업이익 급성장, 독점적, 업황 호황, 신제품 출시 : 아주 좋은 의
    미(Best)

    • 저평가, 안정적, 경쟁완화, 가격 메리트 : 좋지 않은 의미(Worst)

Part

03
I

하이 리스크
하이 리턴
선물옵션

026

선물과
옵션의 이해

A 주식 시장의 수익 구조는 한 방향입니다. 낮은 가격에 사서 오른 가격에 팔려고 하죠. 예상대로 오른다면 수익이 보장되지만, 주가가 하락하면 손실을 보듯, 주식 시장은 주가가 올라야 수익이 나는 구조입니다. 당연한 얘기 아니냐고요? 자, 얘길 더 들어보세요. 주식은 현물시장입니다. 현재 존재하는 주식을 서로 거래하는 시장이지요. 하지만 세상의 모든 거래가 현물거래만 있는 것은 아닙니다. 한 예를 들어볼게요.

1. 선물(Futures)

김치공장이 있습니다. 세 달 후 김장철을 맞아 배추가 더욱 필요합니다. 하지만 세 달 후 배춧값이 오를까 봐 걱정이 돼죠. 그래서 김치공장 사장님은 배추밭 주인을 찾아갔어요. "여기 자라고 있는 배추 300포기를 3달 후에 포기당 2,000원에 무조건 사겠습니다." 미리 물량을 확보해놓으면 3달 후에 배춧값이 올라도 무조건 2,000원에 살 수 있으니 안심이지요. 배추밭 주인과 잘 얘길 끝난 김치공장 사장님은 웃음을 띠며 집으로 돌아왔어요. 약속한 3달 후가 되었습니다. 하지만 전국적으로 쏟아지는 배추 물량 탓에 배춧값이 폭락해 포기당 1,000원도 하지 않습니다. 하지만 약속대로 포기당 2,000원에 사야 해서 김치 공장의 손해가 막심해졌습니다.

이렇게 미래에 얼마에 사겠다고 약속하는 것을 선물이라고 합니다. 미래에 일어날 일을 대상으로 투자를 하는 파생상품이죠.

2. 옵션(Option)

옵션은 선물과 비슷하지만 약간 다른 점이 있습니다. 김치 공장의 예를 다시 보죠. 김치공장 사장님이 고민입니다. 3달 후 배춧값이 올라 미리 계약하고 싶지만, 그러다 배춧값이 떨어지면 손해니까요. 그래서 곰곰이 생각한 김치 공장 사장님이 배추밭 주인을 찾아갔어요. "제가 30만 원을 드릴 테니, 3달 후에 여기 있는 300포기 배추를 포기당 2,000원에 살 수 있는 권리를 주세요."

자, 뭐가 다른지 눈치채셨나요? 앞의 선물계약은 3달 후 포기당

2,000원에 배추 300포기를 직접 사겠다는 계약을 했지만, 옵션은 포기당 2,000원에 배추 300포기를 살 수 있는 권리를 산 것입니다. 그럼 권리란? 당사자가 행사할 수도, 포기할 수도 있는 행위입니다. 세 달 후에 배춧값이 더 올랐으면 약속대로 포기당 2,000원에 사면 되고, 가격이 내려갔으면 권리를 포기하며 배추를 사지 않으면 그만입니다. 물론 30만 원은 손해 봤지만 2,000원에 배추를 떠안는 것보다 싼 시세로 다른 배추를 살 수 있잖아요.

027

옵션에도
종류가 있다고요?

옵션은 권리 계약으로, 장래에 그 권리를 행사할 수도, 포기할 수도 있다고 앞서 말씀드렸습니다. 이런 옵션에는 2가지 종류가 있는데, 바로 콜옵션과 풋옵션입니다. 다음의 콜옵션과 풋옵션 설명을 잘 보고, 앞의 사례에서 김치공장 사장님이 행사한 옵션은 어떤 옵션인지 맞춰보시기 바랍니다.

1. 콜옵션(Call option)

정해진 가격에 구입할 수 있는 권리입니다. 즉, 장래에 오를 것을 예상하고 현재 시점에 권리를 사는 계약입니다. 예를 들어보죠. 한 투자자가 증권사에서 발행한 콜옵션을 구매했습니다. 이 콜옵션의 내용은 A주식을 4만 원에 살 수 있는 권리이며, 콜옵션가는 계약 당 1,000원입니다. 투자자는 100주를 살 수 있는 권리를 계약했고, 콜옵션가로 10만 원(1,000원×100주)을 지불했습니다. 이후 만기일까지 주가는 오르거나, 내리거나 둘 중 하나겠죠. 참고로 옵션 만기일은 매월 두 번째 목요일입니다.

■ A주가가 오르는 경우

시간이 지나 만기일에 A주가가 7만 원이 되면 투자자는 콜옵션을 이용해서 A주식을 4만 원에 매수합니다. 초기에 콜옵션 구입에 10만 원을 사용했고, 콜옵션 권리를 행사해 주식을 4만 원에 100주 매입, 옵션만기일에 7만 원으로 매도하고 290만 원(수익금 300만 원-콜옵션 구입가 10만 원)의 수익을 얻습니다.

■ A주가가 떨어지는 경우

시간이 지나 만기일이 되었는데 A주가가 하락해 3만 원이 되었습니다. 콜옵션 권리를 행사하면 주당 4만 원에 구입해야 하므로 총 400만 원의 비용이 소요됩니다. 당장 시세로 주식을 사는 것에 비해 100만 원이나 더 많은 비용이 소요되므로 투자자는 콜옵션 권리를 포기하면서 나오게 됩니다. 처음 냈던 콜옵션가 10만 원은 손해 봤지만, 더 큰 손해를 줄일 수 있었습니다.

2. 풋옵션(Put option)

콜옵션과 반대되는 개념으로 정해진 가격에 팔 수 있는 권리입니다. A주식이 현재 4만 원입니다. 하지만 투자자는 주가가 3만 원까지 하락할 것을 예상하고 100주를 구입하는 풋옵션 계약을 했습니다. 풋옵션가는 계약당 1,000원으로 총 10만 원 비용을 지불했습니다.

■ 주가가 하락한 경우

예상대로 3만 원으로 주가가 하락한 경우 풋옵션을 행사한 투자자는 4만 원에 100주를 팔아 시세보다 100만의 수익을 얻을 수 있습니다. 애초에 풋 옵션가로 10만 원을 지불했기에 총 수익은 90만 원이 됩니다.

■ 주가가 상승한 경우

주가가 상승해 5만 원인 경우 풋옵션 투자자는 100만 원의 손실이 발생하기에 풋 옵션을 행사하지 않고 권리를 포기하면 됩니다. 처음 지불했던 10만 원의 풋 옵션가만 손해를 보고 더 큰 손해를 막을 수 있습니다.

028

옵션 만기일에 주가가 크게 변동한다는데, 이게 무슨 뜻인가요?

A 투자자가 콜옵션을 구매했는데 예상대로 주가가 올랐거나, 풋옵션을 구매했는데 예상대로 주가가 내려갔다면 차익을 실현할 수 있습니다. 이때, 옵션을 발행한 증권사는 수익금을 마련해 투자자에게 지급해야 합니다. 따라서 옵션 만기일이 되면 증권사는 자산을 매각해서 해당 자금을 마련하고자 합니다. 이에 증권사가 보유한 여러 주식, 채권들이 주식 시장에 많은 매도 물량으로 풀리면서 주가가 하락할 가능성도 있습니다. 이런 경우를 가리켜 '왝더독 현상'이라고 합니다. 왝더독(Wag the dog)이란, '개의 꼬리가 몸통을 흔든다는 말'로 주객전도된 상황을 말합니다. 현물거래에서 파생된 선물거래가 시장 영향력이 커지면서 오히려 몸통인 현물 시장을 좌우하는 위력을 발휘하는 상황을 불러일으킨 것입니다.

- **선물 만기일** : 3월, 6월, 9월, 12월 둘째 주 목요일
- **옵션 만기일** : 매월 두 번째 목요일
- **선물과 옵션 만기일이 겹치는 날**: 3월, 6월, 9월, 12월 둘째 주 목요일

다만, 선물이나 옵션 만기일처럼 특별한 날에 매번 주가가 하락하는 것은 아닙니다. 만기일에는 가격에 따라 권리를 행사할 것이냐, 포기할 것이냐가 관건인데, 프로그램의 매수차익 잔고가 많으면 대규모로 프로그램 매도 물량이 쏟아져 증시에 악영향을 줄 수 있습니다. 반대로 프로그램의 매도차익 잔고가 증가하면 프로그램의 대량매수가 진행되면서 증시가 큰 폭으로 상승할 수 있습니다.

따라서 이 만기일은 증시의 상하방향성을 맞추는 이벤트가 아닌, 증시의 상하변동폭을 키우는 날로 이해하시면 됩니다.

Q 029
개미가 선물옵션하면
정말 망하나요?

A 주식 전문가로서 그동안 이런 질문을 많이 받았습니다. 결론부터 말씀드리면, 무조건 망하는 투자법이라면 아예 투자 시장에서 사라졌겠지요. 지속적으로 선물옵션 매니아층이 늘어나는 걸 보면 분명 그만한 이유가 있습니다. 혹시, 주변에 주식 투자하시는 분과 선물옵션 투자하시는 분의 비중이 어떤가요? 분명 주식을 하는 분들이 훨씬 많습니다. 선물옵션은 주식처럼 대중적인 투자 상품이 아닌, 특수성과 목적성을 지닌 투자 상품입니다. 일반인들에게 잘 알려지지 않은 투자 상품으로 거래의 제약까지 있어, 오랫동안 대중의 평가를 받은 것이 아닙니다. 선물옵션에 유독 혹독한 단어들이 붙는 이유는 투자 상품의 본질과 특징을 제대로 알기 전에 시장에 참여하는 일부 투자자들의 말씀이 아닌가 합니다.

선물과 옵션은 장래에 일어날 일을 담보로 현시점에 투자하는 행위입니다. 철저한 분석으로 예상대로 주가가 이동하면 좋지만 그렇지 않은 경우 피해가 발생할 수도 있습니다. 선물옵션은 고위험 투자 상품이기에, 증권사 계좌를 개설할 때도 성향과 재무상태를 체크합니다. 또한, 거래를 위해서는 금융투자교육원이 주관하는 온라인 교육을 수료하는 등의 절차가 있으니 투자자 여러분께서는 꼭 확인하시고 임하셨으면 좋겠습니다.

030

그럼에도 불구하고
선물옵션을 하는 이유는?

A '하이 리스크 하이 리턴(high risk high return)'이란 말 들어보셨지요? 선물옵션에 관심을 갖게 된 계기와 이를 시작하게 된 계기는 모두 하이 리턴에 대한 직·간접적인 경험 때문일 것입니다. 선물옵션은 며칠, 몇 달씩 기다리지 않아도 레버리지를 활용한 거래를 이용해 원하는 수익을 단기간에 낼 수 있는 아주 매력적인 투자 상품입니다. 또한, 선물옵션은 주식과는 다르게 양방향 매매를 할 수 있습니다. 지수가 올라야지만 수익 나는 구조가 아닌, 떨어져도 수익을 낼 수 있습니다. 이 외에도 단일 종목, 만기, 합성 등 선물옵션이 가진 장점들이 많기 때문에 잘 활용한다면 더욱 안정적이고 큰 수익을 얻을 수 있습니다.

선물옵션 거래하기 전
주의할 것이 있나요?

A 선물옵션을 거래하시는 분들과 대화하다 보면 공통적으로 로 가장 많이 하신 실수가 주문 실수입니다. 선물옵션에 진입 후 수익을 확정시키기 위해서는 잔고를 청산해야 합니다. 만약 보유 잔고 이상의 수량을 청산거래에 걸어두게 되면 반대 포지션에 진입되어 원치 않는 포지션을 보유하게 될 수 있습니다. 혹시 내가 의도한 거래가 아닌 경우에는 이용하시는 증권사에 바로 문의하시는 것이 가장 빠른 대처법입니다. 또한, 시장가, 현재가, 원클릭 주문 등 사용하시는 HTS의 기능을 반드시 숙지하시고 거래하시길 바랍니다.

또한, 각종 이슈 및 만기일 등 시장의 이벤트를 꼭 확인해야 합니다. 선물옵션 종목은 '만기'제도가 있습니다. 모든 포지션이 청산

되고 새로 시작되는데 만기일은 종목에 따라 기간이 다릅니다. 만기일이 되면 내가 포지션을 보유하고 싶어도 보유할 수 없고, 자동 청산되니 거래하는 종목의 만기를 꼭 확인해야 합니다. 또한, 만기일이 속해 있는 주 및 만기에는 변동성이 커지니 리스크가 더 커질 수 있는 점을 유념해야 합니다. 이 외에도 개시증거금, 유지증거금, 마진콜 등 용어와 제도를 확인하시고 실제 거래 전, 모의 투자를 통해 거래하며 나올 수 있는 시행착오를 줄이는 것을 추천합니다.

Part

04

—

한번
배우면 바로
따라 하는
주식 매매
기법

Ⅰ. 기본적 분석

Q 032

투자하기 좋은 종목을 찾아내는 법

A 주식 시장에서 100% 정답은 있을 수 없지만, 100%에 가까운 오답은 있다고 생각합니다. 객관식 문제를 풀 때, 일단 오답에 X자를 표시해놓고 정답을 유추해나가듯이 종목도 일단 안 좋은 기업은 피하고 봐야 합니다.

1. 적자 기업을 피하세요

기업의 목적은 돈을 버는 것입니다. 재무재표를 보아 전년도에 비해 매출액이 급감하거나 영업이익이 적자로 전환한 기업은 피하는 게 좋습니다.

2. 현금이 들어와야 합니다

기업이 1,000원을 투입해 물건을 만들어서 외상으로 1,300원으로 팔았습니다. 회계상 순이익은 300원인데, 현금은 아직 들어오지 않았으므로 0원입니다. 만약 이익이 현금으로 돌아오지 못하면 흑자 도산의 가능성이 있습니다. 따라서 기업이 순이익을 내는지 보는 것도 매우 중요하지만, 현금흐름도 양호한지 체크해야 합니다.

3. 배당 없는 기업은 피하세요

기업은 이익이 생기면 2가지 방법으로 이익을 나눌 수 있습니다. 첫째, 배당을 통해 주주들에게 수익을 나눠줄 수 있습니다. 둘째, 이익을 배당하지 않고 기업에 재투자해 가치를 올릴 수도 있습니다. 기업 가치가 오르면 주가도 따라 오를 가능성이 크고, 그렇다면 주주는 시세차익을 챙길 수 있죠. 다만 이론은 이론일 뿐, 기업에 재투자한 금액이 더 높은 기업 가치를 불러와 주가 상승으로 연결될지는 불투명합니다. 따라서 주주들의 권리를 위해 적절히 수익을 배당하는 기업이 좋습니다.

4. 고평가된 기업은 피하세요

주식은 낮은 가격에 사서 높은 가격에 팔아 수익을 내는 투자입니다. 하지만 어떤 주식이 저점인지, 고점인지 판단하기 쉽지 않지요. 그래서 기업 가치를 비교하기 위해 **자기자본이익률(ROE), 주당순이익(EPS)과 주가수익비율(PER), 이브이에비타(EV/EBITDA), 주가순자산비율(PBR)** 등의 다양한 투자 지표들이 있습니다.

5. 업황의 첫 발걸음, 좋은 비즈니스 모델을 가진 기업을 찾으세요

비즈니스 모델이란, 기업이 이익을 내는 방법을 말합니다. 우스 갯소리로 역대 최고의 비즈니스 모델은 봉이 김선달의 '대동강 물을 팔아 돈을 벌기'라는 말이 있습니다. 들인 돈 없이 수익이 나는 구조니 주주 입장에서는 최고의 모델이 될 수밖에 없지요.

🏀 Point | 최고의 비즈니스 모델 찾는 법

1. 사업 내용이 이해하기 쉽고 간단해야 합니다.

메뉴가 많은 식당은 특별한 맛이 없듯, 기업도 마찬가지입니다.

2. 핵심 역량만 보유하고 고비용, 저효율은 아웃소싱합니다(글로벌 대표 업체 : 애플, 나이키).

3. 반복 구매를 유도합니다.

판매가 일회성에 그치는 업체보다는, 소모성 제품을 만드는 기업을 찾으세요.

6. 기업도 결국은 사람, 좋은 CEO를 찾으세요

아무리 좋은 비즈니스 모델과 혁신적인 제품 포트폴리오를 갖추고 있다 하더라도, 결국 그것도 사람이 하는 일입니다. 여러분에게 나쁜 CEO+좋은 사업 모델 vs 좋은 CEO+나쁜 사업 모델 중 선택하라면 고민일 수밖에 없겠지만, 다음과 같은 비중으로 선택하시면 좋습니다.

- **CEO에 따른 투자 우선순위**
  No.1 : 좋은 CEO, 좋은 사업 모델
  No.2 : 어떤 CEO든, 성공할 만한 사업 모델
  No.3 : 좋은 CEO, 나쁜 사업 모델
  No.4 : 나쁜 CEO, 좋은 사업 모델
  No.5 : 나쁜 CEO, 나쁜 사업 모델

> 🔘 **Point | CEO의 선택기준 : PCSHD**
> (IMF 이전에는 CEO에 대해 오너의 심부름꾼 역할의 인식이 강했지만, 이후에는 전문 경영인으로 인식이 변화되었습니다)
>
> **1. Professionalism(전문성)** : 밑바닥부터 시작해 작은 업무까지 꿰고 있는 전문인
>
> **2. Challenge(도전)** : 전문성과 타성에서 벗어난 진취적인 성향
>
> **3. Simplicity(검소)** : 판관비 확대, 사옥건설 폼생폼사형 경영자는 지양
>
> **4. Honest(솔직)** : 실적공시는 물론, 기업 내부 정보는 최대한 장중 공시를 통해 투명성 확보
>
> **5. Dividend(배당)** : 주주의 이익을 대변하는 것은, 당연한 경영자의 마인드

033

기업의 재무제표를
확인하는 법

A 재무제표는 한 기업의 자산, 부채, 자본 등의 회계를 적어 놓은 표입니다. 기업은 결산시기가 되면 공개 정보로 재무제표를 발행하며 이는 증권사 HTS 또는 금융감독원 전자공시시스템(http://dart.fss.or.kr)에서 확인할 수 있습니다. 재무제표 분석을 통해 기업의 상태를 알 수 있는데요, 자본금이 넉넉하고 부채가 적은 회사, 자본금 대비 수익률이 높은 회사는 재무상태가 건전하고 이익이 잘 발생하는 회사입니다. 재무제표 주요 서류는 4가지로, 재무상태표, 포괄손익계산서, 자본변동표, 현금흐름표입니다.

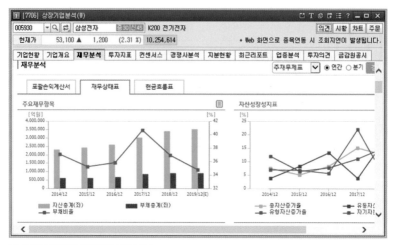

HTS에서 확인한 재무제표 중 일부

금융감독원 전자공시시스템에서 해당 기업의 재무제표를 확인할 수 있습니다(예시 : 삼성전자 재무상태표 중 일부).

재무제표에서 먼저 재무 상태를 확인할 수 있습니다. 많은 내용과 숫자가 있는데, 일일이 확인하려면 머리가 복잡해지겠죠? 그래서 자산총계, 부채총계, 자본 총계 등 중요한 내용만 뽑아 이해하면 됩니다.

재무상태표 : 자산 = 부채 + 자본

① **자산** : 기업이 소유하고 있는 유형, 무형의 가치물을 말합니다. 자산의 종류에는 유동자산과 비유동자산으로 구분할 수 있습니다. 유동자산은 1년 이내에 현금화되는 회전속도가 빠른 자산을 말하며, 비유동자산은 부동산이나 영업권과 같은 1년 이내에 현금화가 되지 않는 자산을 말합니다. '자산 = 부채 + 자본'으로 계산할 수 있습니다. 따라서 주식에서 기본 정보를 분석할 때 자본과 부채, 자산을 잘 보시는 것이 좋습니다. 자산에는 부채도 함께 포함되어 있기 때문에 부채비율을 확인하는 것이 좋습니다. 다만 영위하고 있는 사업 및 업황에 따라 부채비율은 큰 차이가 있습니다. 대표적으로 부채비율이 높은 업종은 비행기 한 대당 가격이 비싼 항공업종을 들 수 있습니다. 따라서 부채비율에 대한 절대적인 기준보다는 업종 내 평균치를 고려해서 살펴보는 전략이 필요합니다.

② **부채** : 회사가 반환해야 할 돈을 말하는 것으로 유동부채와 비유동부채로 구분됩니다. 유동부채는 1년 이내에 반환해야 할 채무로 단기차입금이 대표적입니다. 비유동부채는 1년 이후 반환하는 장기부채로, 자금조달을 위해 발행한 채권이나 장기부채 등이 해당합니다.

③ **자본** : 자산에서 부채를 뺀 순자산을 말합니다. 자본은 크게 보면 납입자본, 이익잉여금, 기타로 구분될 수 있습니다. 납입자본이란 주주가 회사에 투자한 자금으로 자본금과 자본잉여금으로 나뉩니다. 회사는 자금을 유치하는 하나의 방법으로 주식을 발행하기도 합니다. 이때 주식 1주당 액면가액을 신고하게 되어 있는데, 액면가액에 해당하는 금액이 자본금입니다. 그리고 실제 거래되는 금액이 액면가액을 초과하는 경우에는 그 차액만큼을 자본잉여금이라고 합니다.

예를 들어 A회사가 액면가 500원의 주식 10주를 추가로 발행했고, 한 주당 2,000원에 거래되었다고 하죠. A주식 1주당 액면가액은 500원이므로 자본금은 5,000(500원×10주)원으로, 자본잉여금은 15,000[(2,000원×10주)-5,000원]원으로 회계처리합니다.

※ 기타

주식 투자 시, 이익잉여금도 반드시 확인해야 할 사항인데요, 이익잉여금이란, 손익계산서상 당기순이익이 과거부터 쌓여온 금액을 의미합니다. 주식 거래 시 액면가와 실거래가의 차이가 자본잉여금인 반면, 이익잉여금은 직접적인 사업수익을 말합니다. 따라서 회사가 지속적으로 이익이 발생했는지, 아니면 손실이 발생했는지의 역사를 한눈에 보고자 한다면 이익잉여금이 얼마나 쌓여 있는지, 결손금이 쌓여 있는 것은 아닌지, 이익잉여금이 자산대비 얼마나 쌓여 있는지를 살펴보면 됩니다. 이익잉여금은 배당을 통해서 주주에게 귀속됩니다. 따라서 배당이 실시되면 이익잉여금에서 그 금액이 차감되지요. 다만 당기순이익에서 쌓인 이익잉여금이 재투자 등의 목적으로 현금 이외의 자산으로 이전되는 경우도 있기 때문에 이익잉여금의 현금률이 낮거나 배당이 되지 않는 경우도 있습니다.

글로 읽으면 이론에 그칠 수 있습니다. 당장 증권사 HTS 또는 '금융감독원 전자공시 시스템'에 들어가서 원하는 기업의 재무제표를 확인하기 바랍니다. 3년간 추이를 보며 자산 및 부채 자본의 증가량은 어떤지, 이익잉여금의 변화는 어떤지, 특히 실적 저하로 자본금을 까먹고 있진 않은지는 꼭 확인해야 할 사항입니다.

Plus tip **상장폐지를 주의하세요**

주식 초보라면 자본잠식이 뭔지 반드시 알고 계셔야 합니다. 자본잠식이란, 회사의 누적 적자 폭이 커져 잉여금이 바닥나고 납입 자본금까지 잠식되기 시작한 상태를 말합니다. 50% 이상의 자본잠식은 관리 종목 지정 사유가 되며, 전액 잠식은 퇴출사유가 되므로 자본잠식 상태에 있는 기업은 매우 위험한 상태에 있다고 볼 수 있습니다.

실제 재무제표 등을 확인하지 않고 무작정 매수했다가 얼마 안 돼 거래정지가 된 사례도 있습니다. 일반적으로 상장기업의 대다수는 12월 결산법인입니다. 12월 결산법인은 다음 해 3월까지 온기 실적을 결산해서 외부감사를 받아야 해서, 매년 연초 2~3월 사이에 집중적으로 상장폐지 종목이 쏟아져 나옵니다. 그러므로 최소한 이 시기만큼이라도 부실 주 매매를 자제해야 합니다. 상장된 기업이 상장폐지가 되면 대부분의 투자자들은 보유 주식을 정리매매로 처분하게 되는데 사실상 가치가 없어지기 때문에 속칭 휴지 조각이 되어 재산을 잃게 됩니다.

사유	유가증권시장(KOSPI) 상장폐지 기준
정기보고서 미제출	• 사업보고서 미제출로 관리 종목 지정 후 법정제출기한부터 10일 이내 사업보고서 미제출 • 반기·분기 보고서 미제출로 관리 종목 지정 후 사업·반기·분기보고서 미제출
감사인 의견 미달	• 최근 사업연도 감사보고서상 감사의견이 부적정 또는 의견 거절인 경우(연결 감사보고서 포함) • 2년 연속 감사보고서상 감사의견이 감사범위 제한 한정인 경우
자본 잠식	• 최근 사업연도 사업보고서상 자본금 전액 잠식 자본금 50% 이상 잠식 2년 연속
주식분산 미달	• 일반 주주수 200명 2년 연속 • 지분율 10% 미만 2년 연속. 다만, 200만 주 이상인 경우 해당되지 않는 것으로 간주
거래량 미달	• 2반기 연속 반기 월평균 거래량이 유동 주식수의 1% 미만
지배구조 미달	• 2년 연속 사외 이사수 미달 또는 감사위원회 미설치 등
기타	• 공시의무 위반, 매출액 미달, 주가·시가총액 미달, 회생절차, 파산 신청

유가증권시장(KOSPI) 즉시 퇴출 사유

- 최종 부도 또는 은행거래정지
- 법률에 따른 해산 사유 발생
- 주식 양도에 제한을 두는 경우
- 당해 법인이 지주회사의 완전자회사가 되고 지주회사의 주권이 신규상장되는 경우
- 우회상장 시 우회상장 기준 위반

사유	코스닥 시장 상장폐지 기준
매출액	• 2년 연속 • (실질심사)이익 미실현 기업 관련, 관리 종목 지정 유예기간 중 최근 3사업연도 연속으로 매출액이 5억 원 미만이면서 전년 대비 100분의 50 이상의 매출액 감소가 공시 등을 통해 확인된 경우
법인세 비용 차감 전 계속 사업손실	• 관리 종목 지정 후 자기자본 50% 이상(&10억 원 이상)의 법인세 비용 차감 전 계속사업손실 발생 • (실질심사)이익 미실현 기업 관련, 관리 종목 지정 유예기간 중 최근 3사업연도 연속으로 매출액이 5억 원 미만이면서 전년 대비 100분의 50 이상의 매출액 감소가 공시 등을 통해 확인된 경우
장기영업손실	• (실질심사)관리 종목 지정 후 최근 사업연도 영업손실
자본잠식/자기자본	• 최근 연말 완전자본잠식 • A or C 후 사업연도(반기) 말 자본잠식률 50% 이상 • B or C 후 사업연도(반기) 말 자기자본 10억 원 미만 • A or B or C 후 반기말 반기보고서 기한 경과 후 10일 이내 미제출 or 감사의견부적정·의견거절·범위 제한 • (실질심사)사업 보고서 또는 반기보고서의 법정제출 기한까지 당해 상장폐지 기준 해당 사실을 해소했음을 입증하는 재무제표 및 이에 대한 감사인(정기재무제표에 대한 감사인과 동일한 감사인에 한함)의 감사보고서를 제출하는 경우
기타	• 감사의견, 시가총액, 거래량, 지분분산, 공시서류, 사외이사 등, 회생절차/파산신청 등 항목에 따라 2분기 연속 혹은 2년 이상 연속 해당 시

Q 034
자기자본이익률^{ROE}로 저평가된 주식 고르는 방법

A 주식 투자자는 기업의 수익성을 분석해야 합니다. 그 이유는 기업마다 규모가 다르기 때문이죠. 대기업과 작은 중소기업의 매출액이나 영업이익의 절대적인 수치만 가지고 비교하면 무조건 대기업이 좋은 회사인 것으로 보이겠지만, 회사가 가지고 있는 자산을 얼마나 잘 이용해서 수익을 내고 있는지를 비교해서 분석한다면 결과는 달라질 수 있습니다. 예를 들어, 100억 원을 가지고 1년 동안 10억 원을 번 A회사와, 50억 원을 가지고 일년 동안 8억 원을 번 B회사가 있을 때, 이익으로만 보면 A회사의 이익이 많습니다. 하지만 자본 대비 수익률로 보면 A회사는 10%, B회사는 16%로 B회사가 이익률이 더 높다는 것을 알 수 있습니다. 따라서 주식 투자에 앞서 그 기업이 낸 수익률이 얼마나 높았는지를 분석하는 것은 필수입니다.

자기자본이익률(ROE)

자기자본이익률은 Return On Equity의 약자로, ROE(알오이)라고 부릅니다. 이는 기업이 자기자본(주주지분)을 활용해 1년간 얼마를 벌어들였는가를 나타내는 지표입니다.

$$자기자본이익률(ROE) = \frac{당기순이익}{자본총액} \times 100(\%)$$

ROE가 10%이면 10억 원의 자본을 투자했을 때 1억 원의 이익을 냈다는 것을 보여주며, ROE가 20%이면 10억 원의 자본을 투자했을 때 2억 원의 이익을 냈다는 의미입니다. 따라서 ROE가 높다는 것은 자기자본에 비해 그만큼 당기순이익을 많이 내 효율적인 영업 활동을 했다는 뜻이죠. ROE수치가 높은 종목일수록 주식 투자자의 투자 수익률을 높여준다고 볼 수 있어 투자자 측면에선 매력적인 기업이 됩니다. 투자자 입장에서는 ROE가 시중금리보다 높아야 주식 투자의 의미가 있습니다. ROE가 최소시중금리를 밑돌 경우 투자 자금을 은행에 예금하는 것이 더 낫기 때문이며, ROE는 높을수록 좋습니다.

이런 의미로, 주식 종목 선정은 ROE를 점검하는 것부터 시작한다는 것을 이제 아셨죠? 다만 주가는 과거가치보다는 미래가치를 반영하기때문에 기업의 성장성지표들과 함께 살펴볼 필요가 있으며, 부채증가에 따른 착시효과가 존재하므로 ROA도 고려해봐야 합니다.

자기자본이익률(ROE)과 더불어 총자산수익률(Return On As-sets, ROA, 알오에이)도 알아두면 좋습니다. 총자산수익률은 이익을 총자산(부채+자본)으로 나눈다는 점에서 자기자본이익률과 다릅니다.

$$총자산수익률(ROA) = \frac{당기순이익}{자산총액} \times 100(\%)$$

※ 자산=부채+자본

ROA는 자기자본에 부채까지 합해 수익률을 계산한 것입니다. 만약 A기업이 자기자본 10억 원과 은행으로부터 10억 원을 대출받아 총 20억 원을 투자했는데 2억 원의 순수익을 기록했다면 ROE는 20%지만, ROA는 10%가 됩니다.

이 차이는 무얼 의미하는지 눈치채셨나요? 바로 타인자본을 활용한 레버리지(지렛대)효과입니다. 기업이 이익을 극대화하기 위해 타인으로부터 자본을 조달받아 투자하면 자기자본 대비 수익을 극대화해 ROE가 높게 나타납니다.

다른 한 예로, 2억 원의 자기자본에 8억 원을 대출받아 총 10억 원을 투자해 2억 원을 번 경우, ROE는 100%, ROA는 20%입니다. ROE가 100%나 되니 매우 높죠? 그렇다면 투자에 적합한 기업이라고 할 수 있을까요? 꼭 그렇지 않습니다. 자기자본이 거의 없는 기업이 과도하게 빚을 내 투자를 하면 약간의 수익이 발생하더라도 ROE가 높게 왜곡되어 나타날 수 있습니다. 이 경우 손실이 발생하면 주가가 크게 출렁거립니다. 같은 기준에서 이번에는 2억 원의 손실이 생기면 ROE는 -100%로 완전자본잠식에 빠집니다. 따라서 투자자는 ROE뿐만 아니라 ROA도 주의 깊게 살펴, 적정 투자 수준인지 살펴야 합니다.

035
주가수익비율^{PER}로 저평가된 주식 고르는 방법

A 앞서 배운 자기자본이익률(ROE), 종목 선정에 우선으로 살펴야 할 사항이지만 절대적으로 맹신해선 안 된다는 말씀을 드렸죠. 부채로 인한 레버리지로 ROE가 높게 왜곡될 수 있으니까요. 그렇다면 ROE 외에 검토해야 할 지표가 또 있지 않을까요?

맞습니다. 바로 주식의 가치를 알아볼 수 있는 주당순이익(Earnings Per Share, EPS, 이피에스)과 주가수익비율(Price earning ratio, PER, 피이알, '퍼' 라고도 불립니다)입니다.

주당순이익(EPS)

회사가 벌어들인 당기순이익을 총주식수로 나누면 주식 1주당 순이익을 계산할 수 있습니다. 이것을 주당순이익이라고 합니다.

$$주당순이익(EPS) = \frac{당기순이익}{발행\ 주식수}$$

※ 당기순이익 : 기업이 일 년 동안 벌어들인 모든 이익에서 기업이 쓰는 모든 비용과 모든 손실을 뺀 차액을 의미합니다.

예를 들어 A기업의 당기순이익이 1억 원이고 발행 주식수가 10,000주라면, 주식 1주당 순이익(EPS)이 10,000원임을 알 수 있습니다(1억 원/10,000주). 다른 B기업은 당기순이익이 5,000만 원이고 발행 주식수가 10,000주라면, 주식 1주당 순이익이 5,000원입니다(5,000만 원/10,000주). 이렇듯, 우리는 주당순이익(EPS)를 바탕으로 기업이 주식 1주당 얼마를 벌어들였는지 알 수 있습니다. EPS가 높고 꾸준히 상승한다면 회사의 순이익이 꾸준히 상승하고 있는 매력적인 성장주라고 평가할 수 있습니다.

해당 주가가 적정한지 어떻게 알 수 있죠?

EPS는 1주당 순이익을 나타내는 수치로 투자의 지표가 될 수 있지만, 여기서 또 한 가지 생각해야 할 사항이 있습니다. 앞서 A기업은 주당순이익이 10,000원이었고, B기업은 주당순이익이 5,000

원이었습니다. 그럼 무조건 A주식이 더 좋을까요? 꼭 그렇지는 않습니다. A주식이 B주식보다 주당순이익이 2배 더 높지만, 주가도 2배 더 높으리란 뜻은 아닙니다. 실제 주식 시장에서 A주식이 B주식보다 2배 이상 더 높게 거래되기도, 반대로 B주식이 A주식보다 더 높은 가격에 거래되기도 하니까요.

우리는 물건을 사기 전에 항상 고민합니다. 특히 다른 비슷한 물건과 비교해서 가격이 비싼 것인지 싼 것인지, 가격만큼 가치가 있을지 등 고민의 연속이죠. 주식도 마찬가지입니다. 사기전에 항상 먼저 고려하는 점이 주가죠. 우리는 해당 주식의 현재 주가가 비싼지, 싼지 많은 고민을 합니다. 이런 의미에서 '주가수익비율(PER)'은 어떤 회사의 주식 가치가 고평가됐는지 가늠할 수 있는 유용한 지표로 투자자들 사이에서 널리 활용되고 있습니다.

주가수익비율(PER)

현재의 주가가 주당순이익의 몇 배인지를 나타내는 것입니다. 여기서 '몇 배'를 말하는 부분이 바로 주가수익비율입니다.

$$주가수익비율(PER) = \frac{주가}{주당순이익(EPS)}$$

예를 들어 주가가 5만 원인 회사의 주당순이익이 10,000원이라면 주가수익비율(PER)은 5입니다(50,000원/10,000원). 주가 5

만 원인 회사의 주당순이익이 5,000원이라면 PER은 10입니다 (50,000원/5,000원). 결국 PER이 높다는 것은 이익에 비해 주가가 높다는 뜻이고, PER이 낮다는 것은 이익에 비해 주가가 낮다는 것입니다.

실생활에 빠른 이해가 될 수 있도록 PER을 적용해볼까요? 여러분이 가게를 인수하려고 합니다. 1년 동안 2,000만 원의 수익을 안겨준다면, 그 가게를 100% 인수하는 데 얼마를 지불하시겠습니까? 즉, 1년 수익의 '몇 배'를 말하는 부분이 PER입니다. 여러분이 가게를 1억 원에 인수한다면 PER은 5가 되고, 2억 원에 인수한다면 PER이 10이 됩니다. 다시 말하면, 가게를 인수한 금액을 모두 회수하는 데 '몇 년'이 걸리느냐로 표현할 수 있는데, 이때 말하는 '몇 년'을 바로 PER로 볼 수 있습니다.

> 💿 **Point** |
>
> ■ 시가총액 = 주가 × 발행 주식수
>
> ■ EPS = 당기순이익/발행 주식수
>
> ■ PER = 주가/주당순이익(EPS) = 시가총액/당기순이익
>
> ■ 주가 = EPS × PER
>
> 연간 당기순이익을 발행한 주식수로 나누면 주당순이익(EPS)이 나옵니다. 현재 주가에 EPS를 나눠주면 PER 즉, 주당 이익에 대한 이익배수가 나옵니다. 이론적으로 한 기업을 통째로 사려고 하면 현재 주가에 전체 주식수를 곱한 금액이 필요합니다. 이것을 시가총액이라고

하는데, 시가총액을 당기순이익으로 나눈 값이 PER이 됩니다. 예를 들어, A 회사가 한 해 벌어들인 당기순이익이 1억 원이고, 그 회사의 시가총액이 10억 원이라면 PER은 10이 됩니다. 다시 말하면, 현재 이익을 지속적으로 낸다는 가정하에 10년이면 순수익만으로 투자 원금을 회수할 수 있다는 뜻입니다. 다른 B회사의 당기순이익은 5,000만 원이고 시가총액이 10억 원이라면 PER은 20이 됩니다.

PER이 낮으면 무조건 좋을까?

그렇다면 우리는 PER이 낮은 회사의 주식을 사야 할까요? 흔히 PER이 낮으면 이익에 비해 주가가 저평가된 종목으로, 높으면 고평가된 종목으로 간주됩니다. 따라서 가치 투자에서는 PER이 낮은 종목을 매수해 보유하는 방법이 자주 언급됩니다. 다만, 실제로 주식 시장에서는 주당순수익이 낮지만, 주가는 높은 상황이 많이 벌어지는데, 왜 이 같은 상황이 벌어질까요?

PER이 높은 종목의 경우, 현재의 이익보다 미래의 성장성이 좋아 주가가 높게 형성된 경우도 많기 때문입니다. 대표적으로 PER이 높은 업종으로는 바이오를 들 수 있는데, 신약 개발을 위해 오랜 시간과 큰 비용이 투자되는 반면에 신약이 판매되기 전까지 매출이 없기 때문입니다. 다만 신약이 개발된다면 수천, 수조 원대의 시장문이 열리기 때문에 몇백 배 수준의 초고PER이 허용됩니다. 따라서 PER도 '낮을 수록 좋다'라는 명제에서 벗어나, 투자 기업이 속해 있는 업종의 평균 PER 수준을 고려하는 투자 전략이 필요합니다.

현재가	일별	시간별	**상세정보**	매매비중	관련해외	≣ ◀ ▶

005930 ▼ 🔍	삼성전자	증30 신45			
상장주식	5,969,782(천)	외인보유	3,398,904,523	56.94 %	
시가총액	3,181,894(억)	외인증감			
신용융자	0.03(%)	전일종가	51,900		
신용대주	0.00(%)	우회상장	정상		
자본금	7,780(억)	52주최고	53,800	-0.93 %	19/11/18
결산월	12월	52주최저	36,850	44.64 %	19/01/04
액면가	100(원)	연중고가	53,800	-0.93 %	19/11/18
대용가	41,520(원)	연중저가	36,850	44.64 %	19/01/04
PER ▼	8.03	투자주의			
EPS ▼	6,461	관 리			
호가단위	100	불 성 실			
매매단위	1	거래정지			
외인 5일간	-6,010,931	프로그램	체결수량	호가잔량	총주문수
전일	-293,398				
당일		매도	981,228	58,841	1040069

증권사 HTS에서 EPS, PER 등을 확인할 수 있습니다.

　각 증권사에서는 기업의 EPS, PER 등을 제공하니, 이를 적용해 현재 거래되는 주가를 가늠해보시면 됩니다(주가=EPS×PER). 다만 HTS에 표기된 EPS, PER는 지난해 당기순이익이 기준이므로 예상 EPS, PER를 점검하는 게 중요합니다. 이를 위해서 애널리스트가 분석한 예상 EPS 등을 참고하는 것도 도움이 됩니다.

Q 036

주가순자산비율^{PBR}로 저평가된 주식 고르는 방법

A 주식 투자한다면 주변에서 반대하는 경우를 많이 보게 됩니다. 주식은 절대 손대서는 안 되는 투자 종목이라는 편견도 있고요. 하지만 주식 투자로 꾸준히 높은 수익을 내는 분들도 많은 게 사실입니다. 왜 누구는 잃고, 누구는 벌었을까요? 이유는 다양하겠지만, 투자자의 욕심이 지나치게 앞선 경우, 그만큼 위험성도 가중되는 게 사실입니다. 소위 대박을 꿈꾸며 높은 수익만을 바라보고 위험이 큰 주식에 투자하게 되면 결말이 좋지 않은 경우가 많습니다. 그렇다면 현명한 투자자인 우리는 조금이라도 주식 투자의 위험을 줄이기 위해 어떻게 해야 할까요? 이 주식이 얼마만큼 위험한지 알 수 있는 지표가 있다면 도움이 되지 않을까요? 본론에 들어가기 전에 한 예를 들어보겠습니다. 다음의 셋 중 여러분은 어느 친구에게 돈을 빌려주겠습니까?

① 전 재산이 100만 원인 친구가 50만 원을 빌려달라고 합니다.

② 전 재산이 100만 원인 친구가 100만 원을 빌려달라고 합니다.

③ 전 재산이 100만 원인 친구가 200만 원을 빌려달라고 합니다.

돈을 빌려줄 때는 상대방의 갚을 수 있는 능력을 고려하므로 이 경우 ① 〉 ② 〉 ③의 순서에 의해 빌려줄 것입니다. 이 원리가 바로 주식에도 작용하는데, 바로 주가순자산비율(Price Book-value Ratio, PBR, 피비알)입니다.

주가순자산비율(PBR)

한 주당 순자산 대비 주가의 비율을 나타낸 것입니다.

$$주가순자산비율(PBR) = \frac{주가}{주당순자산}$$

주가순자산은 장부상의 가치로, 회사 청산 시 주주가 배당받을 수 있는 자산의 가치를 말합니다. 예를 들어 A기업의 순자산이 1억 원이고 총주식수가 10,000주라면 이 기업을 청산할 때 주주들은 1주당 10,000원을 돌려받습니다(1억 원/10,000주).

이때 A기업의 주가가 10,000원이라면 PBR은 1이 됩니다(10,000원/10,000원). A기업 주가가 15,000원이라면 PBR은 1.5입니다(15,000원/10,000원). 이는 주식을 살 때는 15,000원에 사지만, 청산 시에는 10,000원을 받는 것을 의미합니다. 만약 주가가 8,000원이라면 PBR은 0.8로(8,000원/10,000원), 주식을 살 때는 8,000원이지만 청산 시에는 10,000원을 받습니다. 자, 눈치채셨나요? PBR이 1보다 낮을수록 청산가치가 높다는 것을요.

대체로 이익이 높으면 주당순자산이 많고, 이익이 적으면 주당순자산도 적기 때문에 PBR이 1근처에서 오가는 경우가 많습니다. 하지만 주당순자산은 10,000인데 주가가 20,000원으로 PBR이 2인 경우도 있습니다. 앞서 친구에게 돈을 빌려주는 예에서 ③에 해당되는 경우로, 전 재산이 100만 원인 친구에게 200만 원을 빌려주는 경우와 비슷합니다. 왜 이런 일이 가능할까요? 아마도 친구의 가치를 높이 평가했기 때문일 것입니다. 현재 자산은 적지만, 성장 가능성이 높은 친구라서 돈을 빌려준 것이지요.

주식도 마찬가지입니다. 성장성이 높은 기업에서 PBR이 1보다 높이 나타나는 경우가 많은데, 현 이익보다 앞으로의 성장성을 높이 평가하는 것이죠. 일반적으로 PBR이 0.7 이하로, 주가가 주당순자산에 비해 낮게 평가되고 있다면 매수를 적극 고려할 만합니다. 그리고 PBR이 0.7~1.5 사이라면 다른 수치들과 비교하면서 매수를 고려해볼 만합니다. PBR이 1.5 이상이면 조심할 필요가 있습니다. 다만, 이는 절대적 기준은 아니므로 다른 지표들을 고려해 합리적인 판단을 해야 합니다.

037
이브이에비타 EV/EBITDA 로 저평가된 주식 고르는 방법

A 가치 투자를 하는 투자자들은 경기변동으로 인해 주가는 오르락내리락할 수 있지만, 기업이 가치가 변하지 않는다면 주가는 가치를 대변할 수 있는 위치로 반드시 회귀한다는 점을 믿고 투자합니다. 여기서 기업의 가치를 나타내는 대표적 지표는 '수익'입니다.

앞서 우리는 주가를 주당순이익으로 나눈 주가수익비율(PER)을 공부했습니다. 하지만 PER는 회계상에 조작할 수 있는 요소들이 많습니다. 한 예로, 회사가 어려울 때 기업들은 감자를 통해 주식의 수를 줄이게 되는데, 이런 경우 주당순이익이 증가하는 것처럼 보여 PER이 낮아지는 효과가 나타납니다. 또한 순이익은 영업을 통해서가 아닌 자산매각 등의 특별이익이나 회계처리 방법 변경, 자산 재평가 등을 통해서도 높일 수 있습니다. 즉, 어떤 기업의 순이익이 500억 원이라서 좋은 기업이라 생각했는데, 알고 봤더니 영업으로 벌어들인 이익은 -200억 원으로 적자고, 공장과 본사 건물을 팔아서 700억 원을 벌었습니다. 이제 본사도 없고, 공장도 없어서 존폐가 위태위태한 회사인데도 순이익은 500억 원이 나와 PER이 낮아지게 되는 모순이 있습니다. 이런 PER의 단점을 보완해 순수하게 영업으로 벌어들인 이익으로 기업의 가치를 알아내는 지표가 있는데, 바로 이브이에비타(EV/EBITDA)입니다.

이브이(EV)는 Enterprise Value의 약자로, 기업의 가치라는 뜻입니다. 이것은 시가총액에 순부채를 더해 계산합니다.

에비타(EBITDA)는 Earnigs Before Interest, Tax, Depreciation and Amortization의 약자로, 이자, 세금, 감가상각비와 무형자산 상각비를 제하지 않은 수익입니다. 여기서 감가상각비와 무형자산 상각비 단어가 낯설게 느껴질 수 있는데, 각각 설명해보겠습니다.

'감가상각'이란 기업의 가치 감소분을 고정자산 금액에서 비용으로 처리하는 것을 말합니다. 예를 들어, 공장이나 기계설비 같은 고정자산은 시간이 지날수록 노후해져 가치가 하락하는데, 이것이 '감가상각'이며, 현금의 변동이 없어도 회계상으로는 비용이 나간 것으로 처리합니다. '무형자산 상각비'는 기업이 산업재산권, 영업권, 저작권, 개발권 등 무형자산을 산 경우, 일정 사용기간에 대해 회계상으로 배분하는 비용입니다. 실제로 자금의 유출이 없이 비용으로 처리된 금액입니다. 간단히 말해 EBITDA는 '영업이익+감가상각비'입니다.

즉, 이브이에비타(EV/EBITDA)는 기업 가치(EV)가 현재 순수 영업으로만 벌어들인 돈(EBITDA)의 몇 배로 거래되고 있는가를 알아보는 지표입니다. 쉽게 말하면, 하나의 기업이 순수하게 영업으로 지금같이 돈을 번다면 투자 금액만큼 버는 데 몇 년이 걸리는가를 나타낸 것입니다. PER과 마찬가지로 숫자가 작을 수록 저평가되어 있다고 봅니다.

$$EV/EBITDA = \frac{EV}{EBITDA}$$

$$= \frac{\text{시가총액} + \text{순차입금}}{\text{영업이익} + \text{감가상각비 등 비현금성비용} + \text{제세금}}$$

예를 들어, 어떤 기업의 시가총액이 100억 원이고 그 기업의 부채가 20억 원이라면 이 기업을 통째로 인수하는 데 120억 원(기업 가치, EV)의 돈을 지불해야 합니다. 그런데 이 회사의 영업이익(EBITDA)이 20억 원이라면 투자한 120억 원을 영업이익으로 모두 회수하는 데 6년이 걸립니다. 만약 영업이익(EBITDA)이 10억 원이라면 12년 걸리겠죠. 이런 이유로 이브이에비타(EV/EBITDA) 수치가 낮을수록 저평가되어 있다고 말하는 것입니다.

II. 기술적 분석(차트 분석 1)

Q 038

차트를 통해
매매 시점을 알 수 있다

A 주식 투자를 하면서 가장 어려운 점을 꼽으라면 매수 타이밍과 매도 타이밍일 것입니다. 누구나 저점에 사서 고점에 팔고 싶지만, 현실은 저점일 줄 알고 샀는데 더 하락하거나, 고점일 줄 알고 팔았는데 더 상승하는 일이 발생하는 거죠. 이럴 때 소위 '멘탈이 붕괴'되는 일이 발생합니다. 한 종목에 몰아 투자한 돈이 클수록 타격은 더 크고요.

도대체 언제 사고팔아야 하는지, 알쏭달쏭한 주식의 영원한 숙제(?)를 풀기 위해 차트를 분석하는 방법이 있습니다. 주가가 움직일 때 그리는 파동이 제멋대로 그려지는 것이 아니고 일정한 패턴을 가지며, 등락의 폭과 길이에 비율이 존재하고, 시간적인 길이를 가지고 있다는 전제에서 출발하는 것이죠.

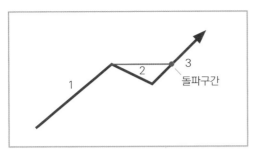
주가가 상승할 때 패턴 양식

매수세 > 매도세로 수급이 변하기 시작하면 주가가 상승하기 시작합니다(그림의 1번). 기존에 주식을 보유하면서 손해를 보고 있던 투자자는 본전 생각에 주식을 매도합니다. 또한 이익을 보고 있는 투자자도 이익 실현을 하고자 하는 욕구가 생겨 주식을 매도하므로 주가는 일정 상승하다가 소폭 하락하게 됩니다(그림의 1번 → 2번으로 이동). 하지만 이때는 적극적인 매도가 아니기 때문에 상승기에 비해서 폭이 작고 기울기도 완만합니다(그림 2번). 조정폭이 작고 완만할수록 매수세가 강하다는 것을 나타냅니다. 가격 및 기간조정이 완료되면 다시 강력한 매수세가 등장해 주가가 더욱 상승하게 됩니다(그림의 2번 → 3번으로 이동).

상승기인 1, 3은 폭이 크고 긴 반면에 조정기인 2는 폭이 작고 완만하다는 것을 염두에 두는 게 포인트입니다. 주가가 상승쪽으로 추세가 전환될 경우, 작은 조정에 겁먹거나 조급증을 내지않고 수익을 극대화하는 전략이 필요합니다.

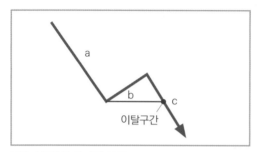

주가가 하락할 때 패턴 양식

　매도세 > 매수세로 수급이 변하기 시작하면 주가가 하락하기 시작합니다(그림의 a). 하지만 일부 투자자는 평균 매입 단가를 낮추기 위해 추가 매수를 하고, 또 일부는 가격이 하락함을 보고 추가 매수를 해 주가는 일시적으로 반등합니다(그림의 a→b로 이동). 단기 반등을 이용해 수익을 내고자 한 단기 투자자들의 매도 물량이 나오고, 반등이 약한 것을 확인한 기존 매도세가 더욱 강력해지면서 가격이 더욱 하락합니다(그림의 c).

　이때, a, c는 그 폭이 크고 긴 반면에 반등인 b는 폭이 작고 완만하다는 점이 포인트입니다. 특히 b의 저점을 c의 하락이 깨고 내려간다면 추가급락의 가능성이 크니 각별히 유의해야 합니다.

Q 039
봉^{캔들}차트
파악하는 방법

A 주가 차트를 보다 보면 이런 모양을 많이 보셨을 텐데요, 이 하나의 차트만 봐도 주가의 시작과 끝, 그리고 숨은 의미들을 한 눈에 알 수 있습니다.

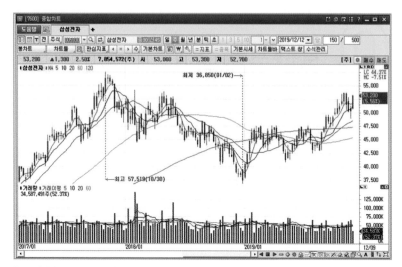

| 예시 | 봉(캔들)차트 모습

　이것은 '봉 차트'라고 하는데, 양초모양과 닮았다해 '캔들 차트'라고도 불립니다. 그럼 봉 차트는 무엇을 표시할까요? 바로, 하루의 시가, 종가, 고가, 저가를 표시합니다.

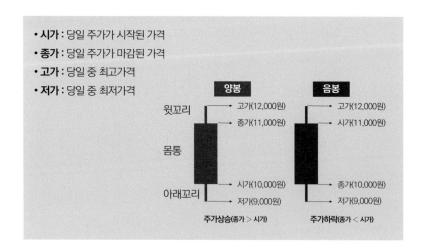

- **시가** : 당일 주가가 시작된 가격
- **종가** : 당일 주가가 마감된 가격
- **고가** : 당일 중 최고가격
- **저가** : 당일 중 최저가격

봉 차트를 이해하기 위해서는 양봉과 음봉의 의미를 알아야 합니다. 양봉의 경우 시가보다 종가가 더 높을 경우 발생하고, 음봉은 반대의 경우입니다. 주가는 사는 세력과 파는 세력의 싸움, 그리고 이긴 세력이 그날의 양봉 또는 음봉으로 표시됩니다. 봉의 몸통은 시가와 종가의 차이를 말합니다. 심리적으로 양봉이 길면 사려고 하는 매수심리가 많이 작용되며, 반대로 음봉이 길면 팔려고 하는 매도심리가 많이 작용됩니다.

양봉과 음봉의 기준은 주가의 상승과 하락을 꼭 의미하지는 않습니다. 주가 상승과 하락의 기준은 전일 마감한 주가이지만, 양봉과 음봉의 기준은 당일 시작한 주가입니다. 따라서 양봉 하락과 음봉 상승도 얼마든지 나타날 수 있습니다.

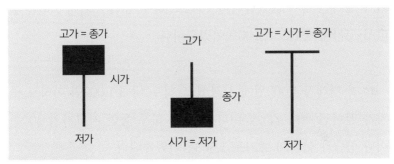

다양한 양봉의 형태

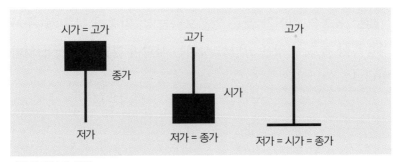

다양한 음봉의 형태

1. 양봉의 몸통 길이 차이

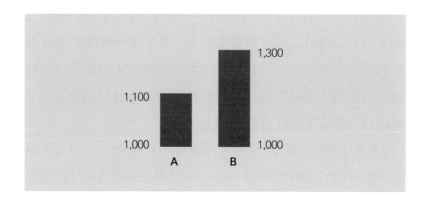

A : 첫 거래가 1,000원에 시작했고, 하루 내내 1,000원 이하로 주가가 떨어진 적이 없었습니다. 그리고 하루 동안 주가가 100원 올라서 고가와 종가도 1,100원이었습니다.

B : 첫 거래가 1,000원에 시작했고, 하루 내내 1,000원 이하로 주가가 떨어진 적이 없었습니다. 그리고 하루 동안 자그마치 300원이나 상승해 고가와 종가도 1,300원이었습니다.

결론 : 몸통의 길이가 짧은 양봉보다는 긴 양봉이 하루 중 주가 상승폭이 컸고, 이것은 그만큼 사려는 사람이 많았다는 것을 의미합니다.

2. 음봉의 몸통 길이 차이

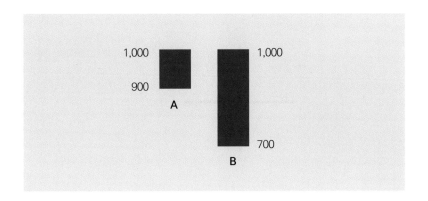

A : 첫 거래가 1,000원에 시작했고, 1,000원이 하루 중 최고가격이었습니다. 그리고 하루 동안 가격이 100원 내려 최저가와 종가가 900원입니다.

B : 첫 거래가 1,000원에 시작했고, 1,000원이 하루 중 최고가격이었습니다. 그리고 하루 동안 300원이나 가격이 내려 최저가와 종가가 700원입니다.

결론 : 몸통의 길이가 짧은 음봉보다는 긴 음봉이 하루 동안 주가가 더 폭락했고, 이것은 그만큼 팔려는 사람이 많았다는 것을 의미합니다.

3. 십자가형

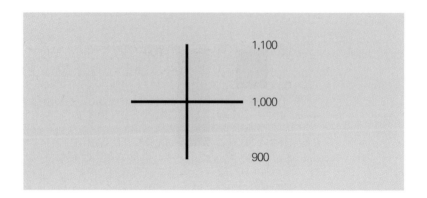

첫 거래가 1,000원에 시작되어 한때 1,100원까지 오르기도 하고, 900원까지 내리기도 했지만 결국 장이 마칠 때는 원점으로 돌아와 1,000원이 되었습니다.

결론 : 시가와 종가가 같은 것은 사려는 사람과 팔려는 사람의 힘이 팽팽해서 결론을 못 내린 채 장을 마쳤음을 의미합니다.

4. 역망치형 양봉

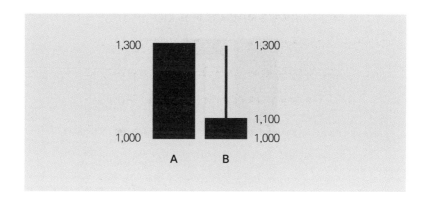

A : 첫 거래가 1,000원에 시작되었고 주가가 300원이나 오른 1,300원에 거래를 마쳤습니다.

B : 첫 거래가 1,000원에 시작되었고 한때 1,300원까지 오르기도 했지만, 너무 올랐다고 생각하는 사람이 주식을 팔아 치우는 바람에 결국 100원 오른 1,100원에 장을 마쳤습니다. 만약 팔려는 사람이 없었더라면 A처럼 1,300원에서 거래가 끝났을 테지요. B 같은 모양을 가리켜 망치를 거꾸로 든 모양과 닮았다 해서 '역망치형'이라고 부릅니다.

결론 : 위 꼬리가 있으면 높은 가격대에서 팔려는 사람이 많았다는 뜻으로, 이 길이가 길수록 차익실현 매물이 강하다는 의미입니다.

5. 망치형 음봉

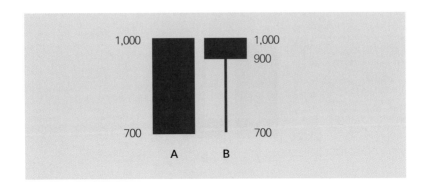

A : 첫 거래가 1,000원에 시작되었고 주가가 300원이나 내린 700원에 거래를 마쳤습니다.

B : 첫 거래가 1,000원에 시작되었고 한때 700원까지 내리기도 했지만, 너무 내렸다고 생각하는 사람이 주식을 매수한 덕분에 주가가 올라 시가보다 100원 내린 900원에 장을 마쳤습니다. 만약 사려는 사람이 없었더라면 A처럼 700원에 거래가 끝났을 테지요. B 같은 모양을 가리켜 망치 모양과 닮았다 해서 '망치형'이라고 부릅니다.

결론 : 아래 꼬리가 있으면 낮은 가격대에서 주식을 사려는 사람이 많았다는 뜻으로, 이 길이가 길면 길수록 저점 매수세가 강하다는 것을 의미합니다.

040

긴 흐름에서
봉 차트를 보자

A 봉 차트는 일봉, 주봉, 월봉으로 표시할 수 있습니다. 일봉
은 하루, 주봉은 일주일, 월봉은 한 달의 가격 변화를 봉
에 표시한 차트를 의미합니다. 일봉을 더 세밀하게 나눈 1분봉(1
분마다 봉 한 개씩 생성), 5분봉(5분마다 봉 한 개씩 생성)도 있습니
다. 투자 성향에 따라 참고하는 봉차트도 다른데, 단기 투자자일
수록 분봉, 일봉을 참고하고, 중장기 투자자일수록 주봉 월봉을 참
고합니다.

장중에 1분봉을 쳐다보고 있으면 하루에도 360번 마음이 흔들
리고, 5분봉을 쳐다보고 있으면 하루에 72번 마음이 흔들린다는
말이 있습니다. 올라가면 사고 싶고 내려가면 팔고 싶고, 또 올라
가면 안도하다가 내려가면 괴롭습니다. 물론 분봉, 일봉도 매매하

는 과정에 반드시 체크해야 하는 지표임에는 틀림이 없으나 되도록 큰 그림을 그려야 하는 투자자가 분봉만 쳐다보면서 하루 종일 스트레스 받는 것은 바람직하지 않습니다. 그런 의미에서 긴 흐름으로 주봉, 월봉을 참고하면 장점들도 많은데, 그중 대표적인 것이 바로 차트를 작게 해서 볼 때는 잘 보이지 않던 중장기 지지선이나 저항선처럼 의미 있는 시점이 잘 보인다는 점입니다.

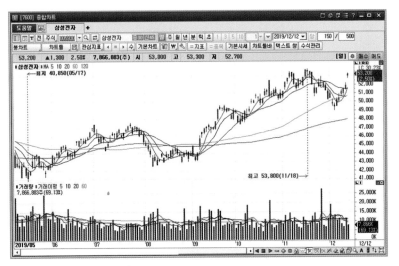

| 예시 | '삼성전자'의 일봉 차트

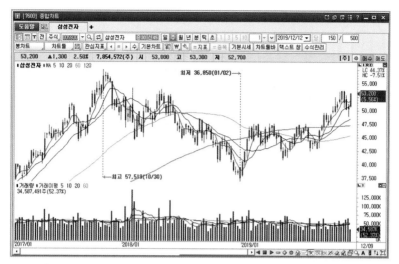

| 예시 | '삼성전자'의 주봉 차트

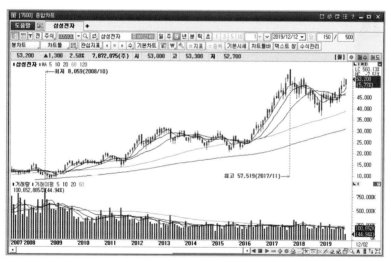

| 예시 | '삼성전자'의 월봉 차트

Q 041
추세선을 활용한 매매 기법

A 주가에는 일정한 흐름이 있습니다. 이러한 흐름을 추세라고 하고, 이것을 선으로 표시한 것을 추세선이라고 합니다. 추세선은 주가의 방향을 알려줌과 동시에 매수와 매도 타이밍을 잡을 때, 좋은 길잡이 역할을 합니다. 상승 추세선을 이탈하면 지금의 추세에 변화가 생겼으므로 매도의 관점으로 생각해야 하고, 하락 추세선을 돌파했으면 하락 추세의 끝을 알리므로 매수로 대응해야 한다는 논리입니다.

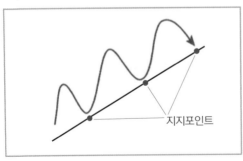

지지포인트

상승추세선(지지선)

한 예로, A기업의 주가를 보면 들쑥날쑥하지만 긴 시간을 두고 관찰하면 주가가 오르고 있는 것을 발견할 수 있습니다. 주가가 계속 오르고 있는 경우를 상승 추세라고 하고, 이것을 선으로 표시한 것을 상승 추세선이라 부릅니다. 상승 추세선은 주가의 저점을 연결해서 작성합니다. 저점을 연결해서 작성하는 이유는, 흐름이 무너질 때를 찾기 위함입니다. 주가가 상승 추세선을 뚫고 내려가면 재빨리 주식을 팔고 나올 수 있습니다. 그동안의 상승 흐름에 변화가 생겼기 때문이죠.

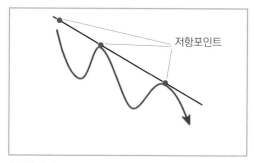

하락추세선(저항선)

이번엔 B기업의 수가를 보죠. 들쑥날쑥하지만 긴 시간을 두고 보니 주가가 내리는 것을 알 수 있습니다. 이런 경우를 하락 추세라 하며, 이것을 선으로 표시한 것을 하락 추세선이라 부릅니다. 하락 추세선은 주가의 고점을 연결해서 작성합니다. 주가가 하락 추세선을 뚫고 올라가면 재빨리 주식을 매수할 수 있습니다. 그동안의 하락 흐름에 변화가 생겼기 때문입니다.

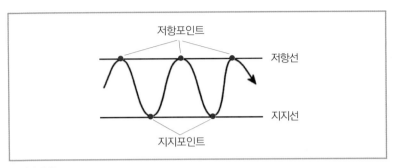

평행추세선

　주가가 상승도 하락도 아닌 일정한 가격대에 갇혀 박스권을 형성할 때가 있습니다. 이럴 때는 평행 추세선을 그어 추세를 확인할 수 있습니다. 상승, 하락 추세와 마찬가지로 저점을 이었을 때는 지지선이, 고점을 이었을 때는 저항선이 만들어집니다.

　박스권 하단부인 지지선까지 주가가 하락한다면 매수, 다시 저항선까지 주가가 올라간다면 매도해서 수익내는 매매를 '박스권 매매'라고도 합니다.

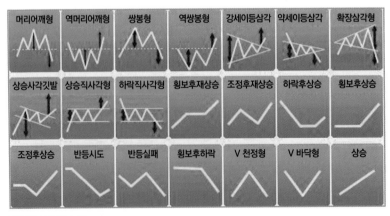

다양한 추세선 모양

주가 패턴에는 다음과 같은 것들이 있습니다.

■**상승 패턴** : 역머리어깨형(역헤드앤숄더), 역쌍봉형(쌍바닥), 강세 이등삼각(이평선수렴), 상승직사각형(박스권상단돌파), 횡보후 재상승(플랫폼 기간조정완료), 조정후재상승(눌림목 가격 조정 완료), 조정후상승(페이크조정), V바닥형(악재해소), 상승(추세 상승)

■**하락 패턴** : 머리어깨형(헤드앤숄더), 쌍봉형(쌍고점), 약세이등삼 각(추세선이탈), 하락직사각형(박스권하단이탈), 반등실패(전저 점이탈), 횡보후하락(에너지소진), V천정형(상투)

■**변동성 확대 패턴** : 확장삼각형(추세선 이격확대), 상승사각깃발(일봉캔들확대), 하락후상승(외바닥), 횡보후상승(일봉캔들확대), 반등시도(낙폭과대)

올라가고 있는 주식을 두고, 어떤 경우는 상승이라고 하고 또 어떤 경 우는 반등이라고 합니다.

반대로 내려가고 있는 주식을 두고, 어떤 경우는 하락이라고 하고 또 어떤 경우는 조정이라고 합니다.

- 상승 : 올라가던 주식이 계속 상승 추세를 타고 상승
- 반등 : 내려가던 주식이 잠깐 상승했다가 하락

- 하락 : 내려가던 주식이 계속 하락 추세를 타고 하락
- 조정 : 올라가던 주식이 잠깐 하락했다가 상승

　말장난 같지만 실제로 엄청 큰 차이가 있으며, 추세가 얼마나 중요한 것인지를 말해줍니다.

➡ 상승과 조정 패턴의 주식을 찾으세요.

042

이동평균선으로
매매 시점을 파악하는 방법

주가이동평균선은 일정 기간 동안의 주가를 산술 평균한 값인 주가이동평균을 차례로 연결해 만든 선으로, 주가의 평균치를 나타내는 지표가 됩니다. 장기(120일), 중기(60일), 단기(5, 20일) 이동평균선이 있습니다. 예를 들어, 어떤 날의 '5일 이동평균'을 계산하려면 해당 날짜를 포함한 최근 5일간의 주가(종가 기준)를 합산한 뒤 5로 나누면 됩니다. 이렇게 나온 매일의 값을 하나의 선으로 연결해 나타낸 것이 바로 '5일 주가이동평균선'이 됩니다. 참고로, 주식 시장은 평일에 열리므로 5일 이동평균선은 일주일, 20일 이동평균선은 1개월, 60일 이동평균선은 3개월, 120일 이동평균선은 6개월 기간의 수치를 나타냅니다.

날짜	1(월)	2(화)	3(수)	4(목)	5(금)	8(월)	9(화)
주가	1,000	1,100	990	1,020	1,050	1,100	1,150
5일 이동평균					1,032	1,052	1,062

표에서 5일자 이동 평균값을 구하기 위해서는 5일째 날을 기준으로 해서 당일을 포함한 지난 4일간의 종가를 합해 5로 나눠줍니다. 따라서 (1,000+1,100+990+1,020+1,050)÷5=1,032가 나옵니다.

8일자의 5일 이동평균값은 2~6일째까지의 평균이므로 (1,100+990+1,020+1,050+1,100)÷5=1,052입니다. 같은 원리로 9일자의 5일 이동평균값은 1,062고요. 이 수치들을 연결한 선이 해당 주식의 '5일 이동평균선'입니다.

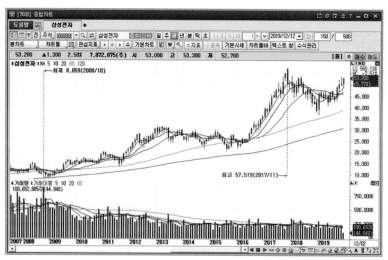

봉차트에 이동평균선들이 표시돼 있습니다(이동평균선 색깔은 증권사마다 다를 수 있습니다).

주가이동평균선은 해당 시점에서 시장의 전반적인 주가 흐름을 판단하고 향후 주가 추이를 전망하는 데 사용되는 주식 시장의 대표적인 기술지표입니다. 다만, 이동평균선은 선행성을 갖기보다는 후행성이 강한 지표입니다. 다시 말해서 과거부터 지금까지 형성된 이동평균선을 보면 누구나 쉽게 이해하고 흐름을 해석하는 데 무리가 없습니다. 이동평균선을 이용해 앞으로의 주가를 예측하는 경우 중기나 장기적으로는 상당히 유용한 분석도구로 사용될 수 있으나, 단기적 예측수단 활용하는 경우 어려움이 있을 수 있습니다. 왜냐하면 이동평균선은 일종의 주가 추세 분석입니다. 추세란 단기간에 형성이 되는 것이 아니라 상당 기간 시간이 경과되어야 하나의 추세가 형성됩니다. 그러므로 이동평균선만을 이용한 초단기 주가 예측 접근은 상당한 위험성을 내포하고 있으므로 섬세한 분석이 필요합니다.

043

정배열, 역배열에 따른 매매 기법

정배열이란, 위를 기준으로 이동평균선이 단기부터 장기까지 순서대로 배열된 상태를 말합니다. 예를 들어, 위로부터 5일선 → 20일선 → 60일선 → 120일선 순서대로 있는 상태입니다. 역배열이란 정배열과 반대의 경우로, 위로부터 장기에서 단기로 배열된 상태입니다. 위로부터 120일선 → 60일선 → 20일선 → 5일선 순서로 배열돼 있습니다.

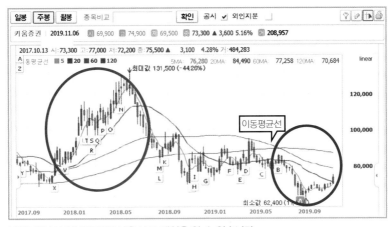

봉차트에 표시된 이동평균선을 보고 배열을 알 수 있습니다.

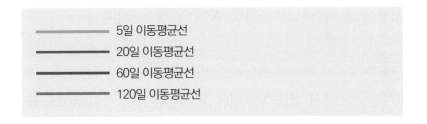

먼저 빨간 원으로 표시된 부분을 보면 이동평균선이 위로부터 아래로 갈수록 단기에서 장기로 배열돼 있는 정배열 상태입니다. 하지만 파란 원으로 표시된 부분을 보면 120일 이동평균선이 가장 위에 배치돼 있고 순차적으로 60일 → 20일 → 5일의 이동평균 선을 보임으로써 역배열 상태입니다.

우선 현 이동평균선 상태가 정배열일 때 매수를 추천합니다. 왜 그런지 예를 들어볼게요. 한 학생이 시험을 봤는데, 6개월 전 점수는 70점, 3개월 전엔 80점, 1개월 전엔 85점, 일주일 전엔 90점을 맞았습니다. 그렇다면 이 학생의 실력은 갈수록 좋아지고 있다고 볼 수 있지요. 주식에 대입하자면, 6개월 전 가격보다 3개월 전 가격이 높고, 그보다 1개월 전 가격이 높고, 그보다 일주일 전의 가격이 높다는 의미입니다. 즉, 최근에 사는 사람이 높은 가격에 사고 있다는 뜻으로, 예전보다 지금의 주가가 더 높게 거래되고 있다는 것을 의미합니다. 그 이유는 여러 가지가 있겠지만, 어쨌든 투자자들이 지금의 가격에 만족하고 사고판다는 점입니다. 여기서 주가가 더 올라갈 것 같다고 여기는 사람들이 많다면 매수세 증가로 주가는 상승할 것이고, 반대로 주가가 떨어질 것 같다고 생각하는 사람들이 많다면 매도세 증가로 주가는 내려갈 것입니다.

또한 주가가 하락을 하더라도 일주일 전에 산 사람은 손해지만 1개월 전, 3개월 전, 6개월 전에 산 사람은 수익 폭이 줄었을 뿐, 손해는 아닙니다. 더군다나 6개월 전 매수한 사람은 계속 오른다고 생각하기에 주식을 오랜 기간 보유하는 경향이 커 매도가 나오기 힘들어집니다. 반대로 주가가 하락해 본인이 매수했던 가격에 도달하면 더 매수하는 사람도 있습니다. 따라서 이동평균선이 지지선이 됩니다.

역배열은 정배열의 반대로 생각하면 됩니다. 6개월 전 가격보다 3개월 전 가격이 더 떨어지고, 그보다 1개월 전 가격이 더 낮으며, 일주일 전 가격이 더 낮은 결과입니다. 6개월 전보다 지금 가격이 많이 떨어지고 있고, 어디까지 떨어질지 모르니 계속 매도 물량이 나옵니다. 매도세가 지속되면 가격 하락에 반짝 매수세가 등장하면서 주가가 이동평균선에 오게 되면 기존 투자자는 본전이라는 생각에 매도 물량을 내놓게 됩니다. 따라서 이동평균선이 저항선이 됩니다.

> ### 🔊 **Point** | 종목의 사이즈에 따른 이평선 대응 전략
>
> 필자의 경험에 의하면 대형주 및 지수는 120일선이나 200일선 등 중장기 이평선을, 중소형주는 20일선이나 10일선 등 중장기 이평선을, 소형주나 테마주같이 변동성이 큰 종목은 5일선이나 3일선 등 단기 이평선을 활용한 매매전략이 유효합니다.

기간 조정 동안 매집 후
매매하는 기법

A 물가는 오르기만 하지, 내리는 경우는 거의 없습니다. 한 예로 예전에 500원 하던 과자 한 봉지가 700원을 거쳐 지금은 1,000원 합니다. 중간에 과자 가격이 내려가는 일은 없지요. 하지만 주식 시장은 상황이 다릅니다. 주식은 사이클이 있어 올라가던 주가는 고점을 찍고, 다시 바닥까지 내려가는 큰 그림을 그리기도 합니다. 500원에 시작한 주가가 1,000원까지 갔다가 다시 500원까지 떨어질 수 있다는 뜻입니다. 또한 주가가 상승추세를 장기간 이어간다고 가정해도 계속 오르기만 하는 것은 아닙니다. 상승과 하락을 반복하면서 상승 추세를 그려나가는 것이지요. 물론 상승 추세에서는 상승폭 및 상승 기간이 하락폭 및 조정 기간보다 더 크고 깁니다. 500원인 주가가 800원까지 올랐다가 다시 700원으로 떨어지는 것을 가격 조정이라고 하며, 한 달 상승했던 주가

가 일주일 횡보 및 하락하는 것을 **기간 조정**이라고 합니다.

　주식 시장에는 소자본가인 개인 투자자와 대자본가인 국내 투신사와 국민연금 등을 포함한 기관 투자자와 해외자본인 외국인, 개별 세력 등이 있습니다. 여기서 세력이란, 큰 자금을 통해 주가를 움직여서 수익을 내는 존재를 말합니다. 시장에 100개의 사과가 풀려 있는데 그중 80개를 한 사람이 가지고 있다면, 그 사과의 가격은 80개를 가진 사람 마음대로 조정할 수 있을 겁니다. 이런 의미에서 주식 시장도 대자본가일수록 유리한 측면이 있습니다.

　주식 발행매수는 정해져 있는데, 어떻게 하면 저가에 많은 수량을 확보하는지가 관건일 것입니다. 저가에 많은 양을 확보할수록 더 많은 시세차익을 누릴 수 있겠죠.

　하지만 이미 저가에는 너도나도 사려고 할 것이므로 개인 투자자들이 보유하고 있는 주식수가 많을 것입니다. 그렇다면 대자본가는 어떻게 하면 이 물량을 가져올 수 있을지를 고민하겠지요. 세력은 주가를 장악하기 위해 장기간에 걸쳐 해당 회사의 주식을 확보하는 작업에 들어갑니다. 1년 이상 일정 가격으로 길게 횡보하면서 세력이 물량을 모으는 경우도 있습니다. 주가가 그래프를 보면 한 번에 쭉 상승하거나 하락하는 게 아닌 상승과 조정 또는 하락과 조정을 반복합니다. 이 과정에서 자연스럽게 주식의 손 바뀜(주식이 매매되는 새 소유자로 바뀌는 것)이 나타납니다.

기관, 외국인 등 세력들이 매집(의도를 갖고 주식을 대량으로 사 모으는 것)을 통해 주가를 끌어올리고 매수를 멈추면 어떻게 될까요? 더 이상 주가 상승이 안 되는 것을 확인한 개인 투자자들은 대부분 매도를 합니다. 그러면 주가가 하락하며 자연스럽게 가격 조정이 이뤄지고요. 세력들은 기다렸다가 개인 투자자들의 물량을 모두 사들입니다. 그렇게 조정이 이뤄지다가 더 이상 매물이 안 나온다 싶으면 강한 매수세로 주가를 상승시킵니다. 그럼 주가는 쉽게 올라갑니다. 왜냐하면 주가가 상승할 때 개인이 매도할 물량을 이미 조정기간에 다 확보했기 때문이죠.

가격 하락기간에도 마찬가지입니다. 세력이 저가에서 충분한 가격 조정과 기간 조정을 거쳐 나름대로 물량을 매집해도 여전히 개인 투자자의 보유 물량이 있습니다. 아직 주가가 충분히 오르지 않았기에 본전 가격이라도 회복하면 팔겠다는 의지를 가진 사람들이죠. 따라서 세력이 매집을 어느 정도 끝내고 주가를 올려 본전을 만회할 수준에 다다르면 이제껏 버텼던 개인들의 물량이 한꺼번에 쏟아집니다. 세력은 이 물량을 다 받아주면서 가격을 올리게 됩니다. 이런 과정을 일명 '개미털기'라고 표현하기도 합니다.

이 후 세력들은 주가를 올리는데, 너무 일방적으로 올라가면 의심을 받으므로 서로 주고받으며(이런 경우를 '자전거래'라 합니다) 주가를 올렸다 내렸다 하면서 주가를 올립니다. 이렇게 연일 가격이 급등하며 상한가를 2~3번 터트리면 단타 개인 투자자들이 몰려들기 시작합니다. 내일도 상승하겠다는 희망을 가진 개인 투자자들에게 세력은 물량을 팔아 떠넘기며 유유히 시장을 빠져나옵니다.

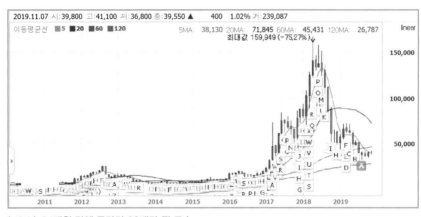

| 예시 | 34개월 만에 주가가 30배가 뛴 모습

위의 표를 보면 이 주식은 2015년 5월 30일 5,760원이었는데 2018년 3월 30일 159,949원까지 오르며 34개월 만에 약 30배가 상승했습니다. 2016년 9월 30일에는 10,407원으로 2018년 3월 30일 159,949원의 고점까지 18개월 만에 약 15배가 올랐습니다. 이후 지속적으로 하락을 보였고요. 지나간 차트지만, '지점일 때 사두었다가 고점일 때 팔았다면 3년도 안 돼 30배의 수익을 거둘 수 있었는데…' 하는 아쉬움이 드시나요? 하지만 지난 일이니 저점을 알고, 고점을 알 수 있습니다. 당시에는 저점일 때도 더 떨어질까 봐 사지 못했을 것이며, 고점일 때도 더 오를까 싶어 팔지 못했을 것입니다.

따라서 주식은 자신만의 목표수익률이 중요합니다. 일정기간 조정을 거친 후 가격이 상승하면 자신의 목표수익률에 맞게 매도하는 것도 중요합니다. 하지만 일부 투자자들은 매도 후 더 오른 것을 보고 뒤늦게 다시 추격매수를 함으로써 가장 높은 가격(꼭지)에 사는 경우가 많습니다. 물론 살 때는 더 오를 것이라 믿었으므로 꼭지라고 생각하지 않았겠지요. 하지만 이후 하락 추세에 들면서 비로소 본인이 꼭지에 사들였음을 실감합니다. 이땐 손해를 보고라도 파는 손절매도 하나의 방법이지만, 본전 생각에 팔지도 못하는 경우가 많습니다. 거듭 말씀드리지만, 기간 조정 후 매집하는 방법은 본인의 목표수익률을 정해놓고 매매하기 바라며, 지나친 욕심은 삼가시기 바랍니다.

045

골든크로스, 데드크로스를 활용한 투자법

A 우리는 앞서 이동평균선에 대해 배웠습니다. 이 중 5일과 20일은 단기 이동평균선이라 하고, 60일과 120일 이상은 장기 이동평균선이라고 합니다. 위로부터 단기 → 장기 그래프가 순차적으로 배치돼 있는 경우를 정배열, 장기 → 단기로 배열된 경우를 역배열이라고 합니다.

상승 추세로 가는 길목, 골든크로스

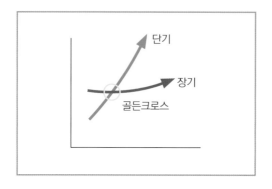

골든크로스란, 단기 이동평균선이 장기 이동평균선을 뚫고 상승하는 것을 가리키는 말입니다. 이는 5일선이 20일선을 통과하는 단기적인 것도 있고, 20일선이 60일선을 통과하는 중기적인 것, 60일선이 120일선을 통과하는 장기적인 것도 있습니다. 투자의 관점에서 골든크로스가 발생하면 주가가 강세로 전환한다는 신호로 해석해서 좋은 매수시점이 될 수 있습니다.

왜 그런지 예를 들어보죠. 20일 이동평균선이 60일 이동평균선을 뚫고 상승하는 골든크로스가 발생했습니다. 이렇게 단기 이동평균선이 장기 이동평균선을 뚫고 상승하는 것은 중요한 의미가 있습니다. 쉽게 말해서 60일 내내 쪽지시험을 치면 평균 70점을 받는 학생이 있었는데, 최근 20일간은 성적이 70점을 넘어 72점 → 74점 → 77점 → 80점으로 상승했다면 매우 반가운 일입니다. 이것은 그 무엇인가가 학생의 학구열에 불을 지폈고, 이제 제대로 공부를 시작했다는 이야기가 됩니다. 따라서 앞으로 성적이 계속 올라갈 가능성이 많습니다. 주가 역시 마찬가지입니다. 60일 이동평균선을 뚫고 20일 이동평균선이 상승하고 있다면 앞으로 주가가 상승할 가능성이 상당히 높습니다. 그래서 사람들은 그 이름을 골든크로스, 즉 황금십자가란 이름을 붙여주었습니다.

하락 추세로 가는 길목, 데드크로스

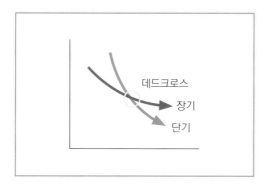

데드크로스는 골든크로스와 반대로, 단기 이동평균선이 장기 이동평균선을 뚫고 하락하는 것을 말합니다. 단기 이동평균선이 장기 이동평균선을 뚫고 하락하는 것에 무시무시하게 죽음의 십자가라는 이름을 붙여준 이유는 간단합니다. 60일 내내 쪽지시험 결과 평균 80점을 받던 학생이 최근 20일 동안 80점 → 77점 → 75점

등 계속 낮아지고 있다면 분위기가 심상치 않습니다. 뭔가 학생이 공부에 집중하지 못하고 딴 생각을 하고 있을 가능성이 커서 앞으로도 시험 성적이 더욱더 떨어질 가능성이 높습니다. 주식 역시 마찬가지입니다. 60일 이동평균선을 뚫고 20일 이동평균선이 추락하고 있다면 앞으로 주가가 계속 하락할 가능성이 높습니다. 따라서 이때는 매입을 보류할 필요가 있습니다.

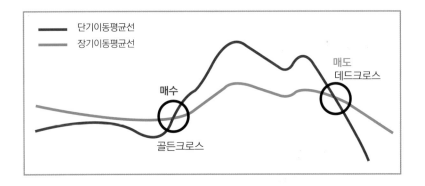

대한민국 주식 개미들이 가장 궁금해하는 **주식 투자 100문 100답**

III. 보조지표 분석(차트 분석 2)

046

MACD를 통한
매매 기법

A MACD란, Moving Average(이동평균선) Convergence(
수렴) Divergence(발산)의 약자로서, 이동평균선의 수렴
과 발산에 대한 지표를 말합니다. 주가의 단기 이동평균선과 장
기 이동평균선이 서로 가까워지면 멀어지고(Divergence 발산), 멀
어지면 다시 가까워진다는 원리를 이용해 만든 지표입니다(Con-
vergence 수렴). 제럴드 아펠에 의해 개발된 이 기법은, 26일간의
지수평균과 12일간의 지수평균 간의 차이를 산출해 구하며, 이
두 지수평균의 차이를 다시 9일간의 지수평균으로 산출해 시그널
(signal)로 사용합니다. 참고로 MACD그래프는 증권사 HTS 등에
서 확인할 수 있습니다.

이동평균선이 서로 교차하는 시점(골든크로스/데드크로스)을 매입 및 매도 타이밍으로 잡는 방법은 더 안전하고 확실하다는 장점은 있으나 후행성의 문제, 즉 시차를 극복할 수 없다는 단점이 있습니다. 따라서 추세가 전환된 이후 상당한 시간이 지나야 거래 신호를 내보낼 수 있으며, 장·단기 두 이동평균선의 움직임만을 놓고 볼 때 그 차이가 벌어지더라도 격차가 가장 크게 벌어지는 시점이 언제인지를 식별하기가 곤란합니다. 두 이동평균선의 차이가 최대치를 기록하고 나서 감소한 이후에야 알 수 있지요.

MACD에서는 Signal 곡선이 MACD선을 교차해서 움직일 때를 두 이동평균선의 격차가 가장 큰 시점으로 인식하기에, 시차 문제 등을 어느 정도 극복할 수 있습니다. 따라서 MACD를 이용한 가장 기본적인 거래 방법은 MACD선이 Signal 곡선을 상향 돌파하면 매수하고, 하향 돌파하면 매도하는 것입니다.

| 예시 | 주봉차트와 MACD 그래프

MACD선 = 단기 이동평균선(12일선) − 장기 이동평균선(26일선)

시그널선 = N일(9일) 동안의 MACD 지수 이동평균

- MACD선이 시그널선을 상향 돌파하면(골든크로스) → 매수 신호
- MACD선이 시그널선을 하향 돌파하면(데드크로스) → 매도 신호

047

스토캐스틱 stochastic 을 이용한 매매 기법

A 주가는 많이 올랐다 싶으면 내리고, 많이 내렸다 싶으면 오르는 파동적 성격을 갖고 있습니다. 주가가 과열 구간에 들어서면 조만간 하락할 것으로, 반대로 주가가 침체 구간에 들어서면 조만간 반등할 것으로 예상할 수 있는데, 이러한 속성을 지표화한 것이 스토캐스틱입니다. 스토캐스틱은 주가의 마감 가격이 일정 기간 동안 어느 곳에 있었는지를 관찰하기 위해 백분율로 나타낸 단기 기술적 지표입니다. 스토캐스틱은 크게 패스트 스토캐스틱(fast Stochastic)과 슬로우 스토캐스틱(slow Stochastic)으로 나뉩니다.

1. 패스트 스토캐스틱(fast stochastic, fast K)

이동평균선 개념을 추가하지 않고, 원래의 값을 표시한 것을 패스트 스토캐스틱이라고 합니다. 패스트 스토캐스틱이 5일치라고 하면, 현재 주가가 5일 최고와 최저 사이의 몇 %에 위치해 있느냐는 뜻입니다. 주가의 변동이 자주 발생해서 단기 매매, 빠른 매매에 유리한 지표입니다. 다만 일상 매매에 사용하기에는 시그널이 너무 예민하게 발생(가격변화에 너무 민감)한다는 단점이 있습니다.

$$\text{fast K} = \frac{\text{현재가격} - N\text{일 중 최저가}}{N\text{일 중 최고가} - N\text{일 중 최저가}} \times 100$$

N을 15로 하면, 패스트 스토캐스틱은 15일 중 최고가와 최저가를 이용하는 값이 됩니다. 예를 들어, 최근 15일 중 최고가가 1,500원이고 최저가가 1,000원이며 현재가격이 1,400원이라면, 패스트 스토캐스틱 값은 80%가 됩니다($\frac{1,400-1,000}{1,500-1,000} \times 100$). 고가가 1,500원이고 서가가 1,000원이며 현재 가격이 1,100원이라면, 패스트 스토캐스틱 값은 20%가 됩니다($\frac{1,100-1,000}{1,500-1,000} \times 100$).

패스트 스토캐스틱 값의 범위는 항상 0~100% 사이가 됩니다. 패스트 스토캐스틱은 20% 이하일 때, 과매도구간(매수시점)과 80% 이상일 때 과매수구간(매도시점)으로 분석하게 됩니다.

2. 슬로우 스토캐스틱(slow stochastic)

패스트 스토캐스틱 차트의 문제인 그래프의 변화가 너무 잦고 급격해 매매 시 참고하기 어렵다는 점을 보완하기 위해 고안된 지표입니다. 일반적으로 주가는 들쑥날쑥한 변동성을 갖기 때문에 추세를 파악하는 것은 다소 힘듭니다. 따라서 며칠간의 주가를 평균 내면 이러한 들쑥날쑥한 부분이 제거되어 추세를 파악하는 데 수월합니다. 이는 앞서 '이동평균선'에서 배운 원리지요. 슬로우 스토캐스틱은 단순 가격이 아닌 이동평균을 구한 값으로 변화를 완만하게 한 그래프를 사용합니다. 많은 사람들이 이 그래프를 사용하고 있어 일반적으로 스토캐스틱이라 하면 대부분 슬로우 스토캐스틱을 의미합니다.

슬로우 스토캐스틱 지표에는 기본적 K와, %K, %D의 3가지가 있습니다. 기본적 K가 가장 중심이 되는 지표로 현재의 가격 수준을 나타내줍니다. fast K를 n일 이동평균해서 slow %K를 계산하고, slow %K를 m일 이동평균해서 slow %D를 계산합니다.

즉 스토캐스틱의 수치를 5, 3, 3으로 사용한다면, 이는 K를 구하는 값의 n일의 기간을 5일로 해서 계산하고, 이를 다시 3일의 기간으로 이동평균해서 %K의 값을 구하고 이를 다시 3일의 기간으로 이동평균해 %D의 값을 구한 것입니다. 여기서 5, 3, 3의 예를 들은 이유는 다수의 증권사 HTS 및 MTS의 스토캐스틱 최초 설정이 5, 3, 3으로 되어 있기 때문입니다.

지표	변수		변수 설명
MACD	short	12	short = 단기이동평균, long = 장기이동평균
	long	26	MACD 곡선 = 단기이동평균(short) - 장기이동평균(long)
	signal	9	signal 곡선 = N일(ex. 9) 동안의 MACD 지수 이동평균
Stochastics Slow	sto1	5	%K 를 정하는 구간 길이
	sto2	3	%D를 구하기 위해 이동 평균하는 구간 길이
	sto3	3	빠른 Stochastics를 느린 Stochastics로 이동평균 하는 구간 길이
RSI	Period	14	일 수(ex. 14 = 14일선)
	LPercent	30	약세구간의 수치, 상향돌파하는 순간 매수
	Spercent	70	강세구간의 수치, 하향돌파하는 순간 매도
CCI	Period	20	주가 평균 기간
DMI	Period	14	주가 평균 기간

지표변수편집

초기화   저장 취소

증권사 HTS 및 MTS에서 스토캐스틱 수치를 변경할 수 있습니다.

이때 이 수치를 길게 사용하면, 스토캐스틱의 곡선은 부드러운 둥근 모양을 나타내며, 가격에 대해 다소 둔감하게 반응을 하는 반면, 이 수치를 짧게 사용하면, 이 스토캐스틱의 곡선은 날카로우며 가격에 대해 민감하게 반응을 하는 특징이 있습니다. 따라서 자신에게 맞는 수치를 찾아 이를 대입해서 매매 시점을 찾는 연습이 필요합니다.

| 예시 | 주봉 차트와 스토캐스틱 그래프

🖊 Point | 스토캐스틱 매매 활용 방법

1. 스토캐스틱이 과매수 상태에서 80을 하향 돌파하면 매도를 검토하고, 과매도 상태에서 20을 상향 돌파하면 매수를 검토합니다.

2. %K선이 %D선을 상향 돌파하면 매수 신호, %K선이 %D선을 하향 돌파하면 매도 신호입니다.

3. 스토캐스틱이 50 이상이면 주가는 상승 추세, 50 이하면 하락 추세를 의미합니다.

4. 스토캐스틱이 상승파동을 그리면 주가도 상승하고, 하락 파동을 그리면 주가도 하락합니다.

Q 048
볼린저밴드를 이용한 매매 기법

A 시장에서 거래되는 회사의 주가는 하루도 빼먹지 않고 변합니다. 주가는 그 회사의 실적과 영업 경쟁력, 미래의 성장가능성은 물론 그 나라 경제상황과 글로벌 경제의 흐름까지 반영합니다. 하지만 막상 하루하루 변하는 개별회사의 주가를 보면 그 흐름과 패턴을 찾기는 불가능에 가깝습니다. 어떤 주식이 고평가된 것인지, 저평가된 것인지도 모호합니다. 그로 인해 투자자들은 현재 주가 수준이 어떤지를 판단하기 위해 여러 가지 기준을 원합니다. 이런 수요에 따라 1980년대 초반 투자 전문가 존 볼린저(Jonh Bollinger)가 지표를 개발했는데, 이름하여 '볼린저밴드'입니다. 주가의 변동이 표준정규분포 함수에 따른다고 가정하고, 주가를 따라 위아래로 폭이 같이 움직이는 볼린저밴드를 만들어 이를 기준선으로 주가를 판단합니다.

볼린저밴드는 이동평균선을 중심으로 잡고 상한과 하한의 변독폭은 추세중심선의 표준편차를 이용해 계산합니다. 만약 볼린저밴드를 (20, 2)로 설정할 경우 공식은 아래와 같습니다.

중심선 : 20일 이동평균선
상단선 : 20일 이동평균선 + 표준편차×2
하단선 : 20일 이동평균선 – 표준편차×2

볼린저밴드의 특징

1. 가격의 등락폭이 작아지면 밴드의 폭도 함께 줄어듭니다. 이후에 주가는 급격한 변동성을 가질 가능성이 높습니다.
2. 가격의 등락폭이 커지면 밴드의 폭도 증가합니다. 이때, 추세전환이 발생할 가능성이 높습니다.
3. 볼리저밴드의 상하단선을 넘어서는 경우, 다시 상하단선 안으로 진입할 가능성이 높습니다.

볼린저밴드의 매매 기법

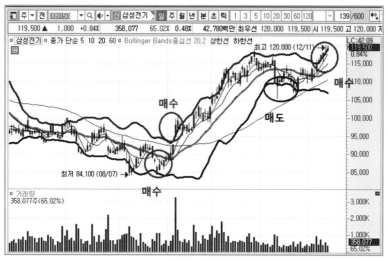

볼린저밴드를 이용한 매매 기법

1. 밴드의 폭이 축소되면서 밀집구간을 거친 이후에 주가가 상
   단선을 상향 돌파하면 매수하고, 하단선을 하향 이탈 시에는
   매도합니다.
2. 하단선에서 상승할 시 매수하고, 중심선에서 저항이 발생하
   면 매도합니다.
3. 중심선에서 저항을 이겨내고 상승할 시에는 매수하고, 상단선
   에서 저항이 발생할 경우 매도합니다.

Q **049**

일목균형표를 이용한 매매 기법

A 주식 투자에 획일화된 정답은 없습니다. 사람마다 성향이 다르고 투자 스타일도 다르듯, 참고하는 보조지표들도 다양합니다. 일목균형표는 일본에서 개발된 지표로, 주가의 움직임을 전환선, 기준선, 후행스팬, 선행스팬, 구름층의 5개선을 이용해 예측하는 기법으로, 시간 개념도 포함된 지표입니다. 이는 파동과 추세에 따라 가격폭을 계산해 미래의 고점 또는 저점의 가격을 미리 알아볼 수 있습니다. 일목균형표의 5가지 선이 만들어지는 작성원리는 다음과 같습니다.

일목균형표 5가지 선

1. 전환선

단기적인 평균을 의미합니다. 이동평균선과 유사하며 9일간의 최고점과 최저점의 평균값이기에 단기 이동평균선과 유사하게 해석될 수 있습니다.

2. 기준선

26일간의 최고점과 최저점의 중간 값으로, 중기이동평균선과 유사하게 해석될 수 있습니다. 전환선과 기준선의 관계는 단기 이동평균선과 중기 이동평균선의 관계로 이해할 수 있으나, 그 선의 움직임을 살펴보면 수평으로 움직이는 구간이 상당히 많이 발견됩니다. 이는 전환선과 기준선이 특정 기간 동안의 고점과 저점의 중간 값을 취하고 있기 때문에 고점과 저점의 값이 변하지 않으면 지표의 값도 변하지 않기 때문입니다. 즉, 전환선과 기준선이 수평을 보이고 있다면 현재 주가가 박스권에서 횡보 중인 것으로 파악할 수 있고, 지표값이 상승했다면 고점과 저점이 돌파된 상태로서, 중요한 주세신호로 활용할 수 있겠습니다.

3. 선행스팬

'팬'은 어떤 일이 지속되는 일정한 기간을 말합니다. 즉 선행스팬이란, 일정한 기간만큼 선행시킨 지표를 의미하는 것으로, 2개의 선으로 이뤄져 있습니다. 선행스팬1은 기준선과 전환선의 중간

값으로 만들어집니다. 따라서 변화율은 기준선보다 빠르고 전환선보다는 느린 중간의 수준이 됩니다. 그러나 26일 선행시킴으로써 민감도는 더욱 둔감하게 변화하게 되고, 그에 따라 신뢰도는 그만큼 더 높아지게 됩니다. 선행스팬2는 52일간의 최고점과 최저점의 중간값을 취해 만듭니다.

4. 구름대

선행스팬1과 선행스팬2의 간격을 구름대라고 합니다. 선행스팬 작성원리에 따라 선행스팬1이 선행스팬2보다 현재 추세에 민감하게 움직입니다. 따라서 추세가 상승하는 구간에서는 선행스팬1이 선행스팬2보다 상단에 위치하게 되고, 추세가 하락하는 구간에서는 반대로 선행스팬1이 선행스팬2의 아래에 위치하게 됩니다. 선행스팬1이 선행스팬2의 위에 있을 경우를 양운, 선행스팬2가 위에 있을 경우를 음운으로 표현합니다. 즉 양운이 형성되면 상승 추세라고 판단할 수 있고, 음운이 형성되면 하락 추세로 판단할 수 있습니다.

5. 후행스팬

현재의 종가를 기준으로 만들어진 차트를 26일 후행해 그린 선을 말합니다.

Point |

1. 전환선 : 9일간의 최고점과 최저점의 중간값

2. 기준선 : 26일간의 최고점과 최저점의 중간값

3. 선행스팬1 : 기준선과 전환선의 중간값을 26일 선행

   선행스팬2 : 52일간의 최고점과 최저점의 중간값

4. 후행스팬 : 현재가를 26일 후행

5. 구름대 : 선행스팬 1과 2의 구간

일목균형표 적용 방법

1. 전환선과 기준선의 위치를 이용한 분석

전환선이 기준선 위에 위치하면 매수시점으로, 전환선이 기준선 밑에 위치하면 매도시점으로 인식합니다. 이러한 기준으로 매매 시점을 파악할 때는 기준선의 움직임을 관찰해 기준선이 상승 추세이면 매도를 보류하고, 기준선이 하락 추세이면 매수를 보류해야 속임수를 줄일 수 있습니다.

2. 후행스팬을 이용한 분석

기준선이 상승 추세를 유지하고 있을 때, 후행스팬이 주가를 상향돌파하면 강세장으로 전환될 확률이 높습니다. 이때 후행스팬이 주가를 완전히 상향돌파하지 못하고 재차 하락세로 반전되면 시장은 강한 약세장이 지속될 확률이 높아집니다. 후행스팬이 주가를

하향돌파하면 매도시점으로 인식하며, 하락하던 후행스팬이 주가를 완전히 하향돌파하지 못하고 다시 상승할 경우 향후 시장은 더욱 강세장이 될 가능성이 높습니다.

3. 구름대를 이용한 분석

선행스팬1과 선행스팬2와의 사이를 구름대라고 하는데, 구름대는 상승 국면에서는 지지구간의 역할을 하고 하락 국면에서는 저항구간의 역할을 합니다. 구름대의 두께가 두꺼울수록 현 추세의 신뢰도가 높다는 의미입니다. 또한 음운에서 양운, 양운에서 음운으로 바뀌는 변화 시점은 중요한 추세 반전 시점으로 판단할 수 있습니다.

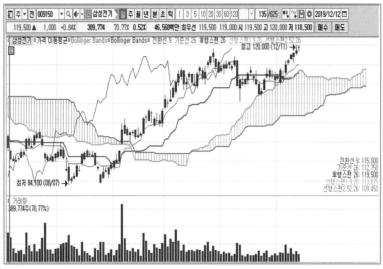

일목균형표를 이용한 매매 기법

050

기타 지표 : 주가는 수요와 공급의 법칙을 따른다

A 본격적인 설명 전에 우선 한 예를 보죠. 재래 시장에서 100개의 사과를 파는 상인이 있었습니다. 어느 날, 이 사과를 먹으면 장수한다는 소문이 돌면서 사과를 사려는 손님들로 가게 안이 북적거립니다. 손님은 넘쳐나는데 사과는 한정돼 있다 보니 사과 가격이 급격히 올랐습니다.

이번에는 반대의 경우를 보죠. 사과 100개를 팔아야 하는데, 오늘따라 손님이 거의 없습니다. 시간이 가면 사과가 썩어 상품가치가 떨어지니 상인의 걱정이 이만저만이 아닙니다. 하는 수 없이 손해를 보더라도 빨리 팔기 위해 사과 가격을 확 내렸습니다.

이 이치가 주식 시장에도 적용됩니다. 주식을 사려는 사람은 수요자, 팔려는 사람은 공급자입니다. 물건을 한정돼 있는데 사려는 사람이 더 많으면 가격은 오를 것이며, 팔려는 사람이 더 많으면 가격은 내릴 것입니다. 주식은 총발행수량이 정해져 있어 시장에서 수요가 있을 때 무한정 늘릴 수 있는 자원이 아닙니다. 어느 한 쪽이 물량을 계속 매집하면 점점 공급할 수 있는 주식수가 줄어들면서 물량을 확보한 쪽에서 어느 순간 가격의 결정권을 쥘 수 있습니다. 이 상태에서 주식을 계속 매수하면 주가는 그때부터 일종의 주식 품귀 현상을 겪음으로써 급격히 상승할 수 있습니다.

기업의 총 발행 주식이 정해져 있고, 대주주 및 기관 투자자들이 보유한 수량이 공개돼 있습니다. 그리고 수급 분석을 통해 실제 시장의 유통 주식수를 추정할 수 있습니다. 오랫동안 장기 투자하고 있는 수량도 추정할 수 있습니다. 이렇듯 주식수 계산을 통해 향후 주가 움직임도 계산을 통해 추정할 수 있습니다.

051

주식 시장의 3대 매매 주체자, 외국인-기관-개인, 그들은 누구인가?

A HTS에서 항상 살펴야 하는 정보에 '종목별 매매동향'으로 되어 있는 수급창입니다. 이 정보창은 종목을 매수하기 전에 반드시 체크해야 할 사항입니다. 수급의 주체는 크게 외국인, 기관(기관계), 개인으로 이뤄져 있습니다.

외국인은 개인이든, 법인이든 국적이 한국인 아니면 외국인으로 분류합니다. 주식 시장에서 외국인은 대부분 외국계 투자사들을 말합니다. 외국인 투자자의 매매 주문은 금융감독원의 외국인 투자관리시스템을 경유하므로, 외국인 지분율 및 취득 한도가 투자자들에게 공시됩니다.

기관(기관계)은 증권 시장에서 대규모의 자금으로 투자 활동을 하는 주체입니다. 일반인이나 법인으로부터 자금을 모아, 이를 주식과 채권을 전문적으로 투자하는 법인형태를 말합니다. 투자신탁회사, 은행, 증권사, 보험사, 연기금 등이 여기에 속합니다. 개인은 일반 개인 투자자를 말합니다.

HTS에서 투자자별 자세한 매매 동향을 확인할 수 있어요.

일반적인 수급 분석 방법은 개인들이 주식을 많이 사면 그 종목의 주가는 하락한다고 분석하고, 외국인이나 기관이 많이 매수하면 주가가 상승할 가능성이 크다고 판단합니다. 외국인 및 기관 투자가는 유가증권 투자에서 발생되는 이익을 주 수입원으로 해서 운영되는데, 일반 투자자보다 월등한 자금력과 정보력으로 주가에 큰 영향을 주기 때문이죠.

그럼 외국인이나 기관이 매수한 종목을 무조건 매수하고, 매도한 종목을 무조건 매도하면 어떨까요? 물론 일부 중에는 외국인과 기관의 매매 방식을 따라 하는 투자자도 있습니다. 다만, 외국인이나 기관이 매수했다고 무턱대고 매수하면 안 됩니다.

그들 또한 매매 종목에 따라 얼마든지 손해를 볼 수 있는데, 그들의 매매가 100% 수익으로 이어진다면 펀드의 손실이란 있을 수 없는 일이 되겠지요.

또한, 종목의 사이즈에 따라 매수금액이 얼마나 영향을 미치는지 살펴봐야 합니다. 예를 들어 시가총액이 1,000억 원인 기업에 외국인이 20억 원을 매수했고, 시가총액이 10조 원인 기업에 외국인이 30억 원을 매수했다고 보죠. 이 경우, 후자의 외국인이 더 많은 금액을 투자했지만, 전자의 외국인 수급이 주가에 더 큰 영향을 미치게 됩니다. 따라서 절대적인 매수금액보다는 해당 기업의 유통물량이나 시가총액 비중 등을 살펴보고, 과거에 종목의 주가를 견인했던 수급의 양을 측정해보는 것도 좋은 방법입니다.

Plus tip 개미들의 장점을 최대한 살리자!

자금력과 정보력, 응집력, 지수 장악력 등 월등히 앞선 외국인과 기관을 이기기 위해서는 개인 투자자들은 가지고 있는 최대한의 장점을 살려서 싸워야 합니다.

1. 외국인과 기관의 매매 정보 공개 : 정보의 대칭성을 위해 외국인과 기관, 최대주주 및 관계인들은 보유 지분 변동이 있을 때마다 수량을 공개해야 합니다. 이는 마치 고스톱을 칠 때 옆 사람의 패를 보며 치는 것과 같다고 할 수 있는데요, 물론 그들의 트릭도 만만치 않지만 잘 활용해서 큰 무기로 사용해야 합니다.

2. 스피드 : 외국인과 기관은 매매자금이 크고, 월간·분기·연간 단위의 포트폴리오 운용계획이 있기 때문에 한 번에 종목을 사고팔고 하기가 구조적으로 힘듭니다. 단기 매매를 조장하는 의미는 아니지만, 플라이트급 선수가 헤비급 선수와 싸울 때는 힘보다는 스피드가 되어야 합니다.

3. 테마주의 적절한 운용 : 외국인과 기관이 매매할 수 있는 종목은 실적 및 재무제표 등 기업의 내부적인 내용에 따라 접근할 수 있는 종목의 한계가 있습니다(각 운용사별 내부규정이 있음). 개인 투자자들은 매매 종목의 한계가 없기 때문에, 시장 테마주들을 적절하게 운용해서 수익률을 최대치로 끌어 올릴 수 있습니다.

052

남들 따라 산
주식의 결과가 뻔하다

A 주식 투자 전문가라고 저를 소개하면 10명 중 9명은 "요즘 어떤 종목에 투자하세요?", "어떤 주식을 사야 오를까요?"라고 묻는, 소위 종목을 찍어달라는 질문을 많이 합니다. 하지만 저라고 콕 짚어 말할 수 없습니다. 왜냐하면 사람마다 운용할 수 있는 자금 범위와 투자 가치관이 다르기 때문입니다. 가령 "여름휴가를 가야 하는데, 어디로 가면 좋겠습니까?"라는 질문을 필자에게 했는데, 제가 "여름휴가는 유럽이 좋습니다"라고 답한다면 과연 큰 도움이 될까요?

자, 그럼 이제 질문도 고급스럽게 바꿔볼까요? "여름휴가를 가족 4명과 함께 4박 5일 일정으로 국내에 갈 계획입니다. 전 산은 싫은데 어디가 좋을까요?" 이렇게 상세히 질문한다면 최대한 필자의 경험을 살려서 바다 쪽 명소로 좋은 곳을 추천할 수밖에 없겠지요.

군중심리를 경계하세요

군중심리란, 개인이 집단을 따라하는 현상을 말합니다. 군중심리가 발생하는 이유는 크게 2가지로 설명됩니다. 첫째는 정보적 영향입니다. 사람들은 객관적 판단 기준이 없는 상태에서 집단이 지닌 정보의 잠재적 가치를 인정해 다수에 합류하게 되지요. 두 번째 이유인 규범적 영향입니다. 즉, 집단으로부터 배척하는 것을 피하거나 인정받기 위해서죠. 또한 사람들이 군중심리를 따르는 데는 책임감의 분산이 큰 영향을 미칩니다. 집단의 크기가 커질수록 사람들은 개인적인 책임감을 덜 가지는 경향이 있습니다. 혼자 폭력을 쓰게 되면 그 책임이 온전히 나에게 있지만, 군중의 일원이 된다면 사람의 수만큼 책임이 분산되지요. 더불어 군중 안에서는 쉽게 모방 행동이 일어납니다.

군중심리를 한마디로 표현하면, '다수를 따르는 게 내게 이득이 된다'는 어렴풋한 믿음입니다. 타당한지 아닌 지 복잡하게 생각할 것 없이 많은 사람들이 선택했다는 이유만으로 다수의 행동을 따르는 것입니다. 아프리카 칼라하리 사막에 '스프링 벅'이라고 하는 사슴같이 생긴 조그만 뿔이 달린 동물이 있습니다. 푸른 초원에서 무리를 지어 한가롭게 풀을 뜯고 있다가 갑자기 한 마리가 달리기 시작하면 모든 무리들이 뒤를 따라 달려갑니다. 뒤 무리는 왜 뛰는지, 어디로 뛰는지도 모르고 무조건 따라가지요. 그렇게 달리다가 절벽을 만나게 되면, 맨 앞의 스프링 벅이 정지하더라도 뒤따라

오던 무리의 힘에 밀려 차례로, 수십 마리가 모두 절벽 아래로 떨어져 죽고 맙니다.

타인에게 의존하는 주식 투자의 현실

"각 개인으로서는 지독히 이기적이고 탐욕적이며 독립적이지만, 판단을 내릴 때는 타인에게 의존한다." 군중 심리학의 대가 귀스타프 르 봉(Gustave Le Bon)의 말입니다.

"투자자가 얼마나 경험이 많은지와 관계없이 그들은 인간이다. 모든 인간은 희망적인 생각에 얽매이고, 자신의 입맛대로 정보를 해석하고, 어려운 상황에서 결정을 내리고 싶어 하지 않는다. 더 많은 감정이 개입될수록 독립적으로 행동하는 대신 다른 사람들이 하는 대로 따라가기가 더 쉽다." 이는 《주식 투자의 군중심리》의 저자 칼 윌렌람(Carl Gyllenram)의 말입니다.

실제 주식 투자 세계에서 남 따라 투자하는 모습은 흔히 볼 수 있습니다. 우르르 떼를 지어 다니며 더 오를 줄 알고 잡은 가격이 꼭지였음을 뒤늦게 깨닫는 순간, 주식 가격의 차가운 이면을 마주하게 될 것입니다. 여러분의 손해를 책임져주는 사람은 아무도 없기 때문입니다.

053

주가가 급등해 욕심이 생기면
그때부터 하락한다

A 여러분은 왜 투자를 하시나요? 대부분 '더 높은 수익률을 올리기 위해서'라고 대답하실 겁니다. 그러면 무엇보다 더 높은 수익률을 올리면 만족하실 겁니까? "은행 정기예금의 금리가 2%가 안 되는 현실에서, 은행보다 2~3배 정도의 수익률을 올리면 만족스럽지 않을까요?"라고 대답하신 분들, 하지만 막상 단기간 높은 수익률을 올리게 되면 슬슬 생각이 바뀌기 마련입니다. 20~30% 수익률에도 만족하지 못하는 경우가 흔하죠. 그러다 소위 '대박'을 치는 종목을 찾아 전전긍긍하게 되고, 누군가에게 전해 들은 주식에 투자금을 모두 쏟아부으면서 암담한 결과를 맞이하는 경우도 많습니다.

제대로 된 투자를 하려면 탐욕을 버려야 합니다. 우리는 돈을 벌려고 투자하는 것이지, 투기를 하려는 목적이 아닙니다. **탐욕을 버리는 것은 수익률에 대한 합리적 기대치를 갖는 것입니다.** 여러분이 주식 투자를 하게 된 계기는 무엇인가요? 체계적인 준비로 주식 시장에 입문한 분도 계시겠지만, '지인이 주식으로 돈 많이 벌었네' 하는 소문을 듣고 시장에 진입하는 경우도 많습니다. 원래는 주식에 관심 없던 초보자지만 주식을 사는 거죠. 왜 오르는지 이유도 모른 채 가격 상승을 매력적으로 보고 따라 삽니다. 우연히 사들인 주식이 올라 시세차익을 봤다면 다행이지만, 실제로는 반대인 경향이 많습니다.

또한, 도박에서 볼 수 있는 '초보자의 행운'도 경계해야 하는 대상입니다. 처음부터 몇천만 원, 몇억 원씩 투자하는 사람은 많지 않습니다. 적은 금액으로 시작해서 수익을 보기 시작하면, 시장을 만만하게 생각하고 하면 된다는 우월감에 젖어 들기 시작합니다. 그리고 **투자금을 무리하게 늘려나가기 시작하는데, 바로 이때가 가장 위험한 시기입니다.** 아마 많은 개인 투자자들이 바로 이 직전으로 돌아가고 싶을 것입니다.

오르니까 산다는 생각은 위험한 논리인지 살펴보라

본인이 산 주식이 세력들이 가격을 올려놓은 줄도 모른 채 매수하는 경우도 많습니다. 세력의 현상은 보통 소형주에서 나타나는데, 작은 기업 하나를 탐색하고 처음에는 아주 조금씩 시세에 영향을 주지 않는 선에서 조심스럽게 매집해 기업의 지분을 많이 확보해놓습니다. 그리고 어느 정도 시점이 되면, 호가를 높게 부르면서 강하게 매수합니다. 그러면 기존에 그 주식을 보유하고 있던 사람들은 매도하면서 주식의 거래량이 상승합니다. 거래량 상승은 긍정적인 신호이므로 시장의 관심을 받으며 자연스럽게 주가가 상승합니다. 이를 보고 무작정 따라 사는 사람들 덕분에 시세가 더욱 급등하게 됩니다.

이제, 기업의 본연 가치에 비해 비싼 가격이 형성되었습니다. 냉정한 이성적 판단이라면 비싼 가격이 허울일 수 있다는 생각이 들어 매수를 하지 않겠지만, 여기서 더 오를 줄 알고 뒤늦게 매수한 사람은 상승 기대감을 안은 채 기다립니다. 이렇게 되면 처음에 낮은 가격에 매집한 주체들은 뒤늦게 몰려든 사람에게 높은 가격에 물량을 떠넘기면서 유유히 빠져나가게 됩니다. 투자자는 더 오르길 기다리지만, 이제는 더 비싸게 사줄 사람이 없어 수요와 공급에 따라 매도호가가 낮아집니다. 급하게 오른 만큼 급하게 내리는 거죠. 결국, 높은 가격에 물량을 떠안은 꼴로, 욕심이 앞을 가린 결과입니다. 따라서 우리는 주식 종목을 정하기에 앞서 기본적, 기술적, 수급 분석을 한 뒤 예상 수익률을 세워 투자에 임해야 합니다. 그저 주가가 오르고 있다거나, 남이 좋다고 추천해준 종목에 소중한 자산을 붓는 우를 범하지 말아야 합니다.

저가에 사서
고가에 팔기 어려운 이유

A 우리는 '저가에 사서 고가에 팔아라'라고 교육받아왔으나, 이는 생각보다 힘든 일입니다. 누구도 지속적으로 저가에 사서 고가에 팔진 못합니다. 왜 그럴까요?《손자병법》에서 '적을 알고 나를 알면 백전백승'이라고 했듯이, 일반의 심리를 정확하게 파악해야 게임에서 승리할 수 있게 됩니다. 일반 투자자의 소원은 바닥에서 사고 꼭지에서 파는 것입니다. 그런데 현실적으로 바닥이나 꼭지라고 하는 것은 지나고 난 뒤에야 알 수 있습니다. 그럼에도 불구하고 왜 사람들은 바닥을 사고 꼭지에서 매도하려고 할까요? 그것은 처음 주식 투자할 때의 심리상태를 분석해보면 이해할 수 있습니다.

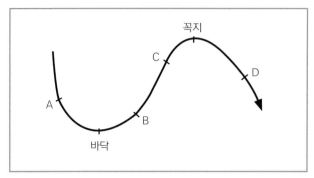

주가 흐름표

위의 그림에서 초보 투자자들은 주가가 하락하는 A시점에서는 겁이 나서 주식을 매수하려고 하지 않습니다. 왜냐하면, 주가가 하락하는 그 자체가 계속 더 떨어질 것 같은 불안감을 갖기 때문입니다. 그래서 계속 지켜만 보다가 주가가 어느새 바닥을 치고 B시점에 오게 되면 그때서야 지나버린 바닥을 보고 '아 그때 샀어야 하는데…' 하고 후회하게 됩니다. 그러다가 막상 B시점에서는 바닥에서 너무 올라왔다는 생각이 들어서 매수를 포기해버립니다.

그 후 이 주식에 대한 미련을 못 버리고 있다가 꼭지에서 가까운 C지점에서 과감하게 매수합니다. 왜냐하면 초반(B)에는 호재성 정보가 밋밋하다가 고점(C) 부근에 오면 각종 매스컴을 통해 호재성 정보가 확대 재생산되어 터져 나오기 때문입니다. 또 어쩌다가 바닥 부근에서 주식을 매수했을 때도 주가가 오르면 계속 더 오를 것 같은 생각(탐욕)이 들어서 꼭 쥐고 있다가, 결국 꼭지를 지나고 나서야 '아 그때 팔았어야 하는데…' 하고 후회하게 됩니다.

꼭지를 놓쳐버리게 되면 미련 때문에 계속 보유하고 있다가 대형 악재가 쏟아지는 바닥 부근(D)까지 주가가 하락하게 되면 대부분 불안해서 매도해버립니다.

그래서 일반적으로 내리는 결론은, 주식은 바닥에서 사고 꼭지에서 팔아야 돈을 벌 수 있다는 생각을 하게 됩니다. 그 결과, 사람들은 정확히 바닥에서 사고 꼭지에서 팔려고 하는 무모한 시도를 합니다. 즉, 주가가 하락하는 과정에서 '이 정도 빠졌으면 이제 바닥(A)이겠지' 하고 매수했다가 추가로 더 떨어지면 겁이 나서 바닥에서 덜컥 팔아버립니다. 또 저점에서 매수한 종목이 조금 올라갈 때, '이 정도 올라가면 이제 꼭지(B)겠지' 하고 팔아버렸다가 추가로 더 상승하면 계속 지켜보다가 흥분해서 고점(C) 부근에서 매수해 덜컥 물리게 됩니다.

주식 전문가들이 이구동성으로 하는 말이 있습니다. "원칙과 기준을 세워라, 그리고 그것을 지켜라"입니다. 주식 투자의 대가 워런 버핏 역시 처음부터 주식 전문가는 아니었습니다. 그는 올바른 기준을 세우고 철저하게 지켜나간 투자자였기에 오늘날 '주식 투자의 대가'라는 명성을 얻었습니다.

나만의 기준을 세워야 합니다.

잔고에 현금을 가지고 주식을 매수하려고 할 때, 모든 투자자들은 각각의 매수 이유가 있습니다. 때로는 숫자를 정량화시킨 가치 투자로, 때로는 보조지표를 동반한 기술적 분석으로, 또는 이슈를 포함한 테마적 투자로, 혹은 옆집 철수 엄마가 매수했다는 이유 등으로 일단 매수를 시작합니다. 그러나 주식이 기대와는 다르게 하락 곡선을 그리게 되면, 처음 매수의 이유를 잊어버리고 자기합리화를 시작하면서 원치 않는 장기 투자를 하는 경우가 매우 흔합니다. 분명 차트 분석을 통해 기술적으로 급소라고 판단해 매수했는데, 주가가 내려가기 시작하면 어느새 실적과 재무 등 자신의 입맛에 맞는 가치 투자자로 변하기 시작하고, 그 가치마저 훼손되면 포기상태에 이르게 됩니다. 반대로 실적과 재무, 성장성 등 기업 내재적 가치를 보고 투자해놓고, 외부변수로 인해 차트가 훼손되면 두려움에 손절매로 대응해서 큰 수익을 안겨줄 대어를 놓치는 경우도 많습니다. 옆집 철수 엄마를 따라서 샀다면 적어도 옆집 철수 엄마가 팔기까지는 보유 전략을 유지해야 함에도 주가 등락에 따라 수시로 마음이 흔들리는 게 투자자의 현실입니다.

 Point |

주식에서 가장 많은 투자자들이 가져야 한다는 자신만의 매매 원칙이란, 바로 해당 종목을 매수한 이유를 매도의 1원칙으로 지키는 것에서 시작합니다. 좌측 깜빡이를 켰는데 우측으로 진입하면 사고위험이 증가합니다. 돌아가더라도 좌측 깜빡이를 켰으면, 일단 좌측으로 진입하세요!

055
주식은 투자지, 투기가 아니다

A   '저는 건강을 위해 운동으로 매일 30분씩 꾸준히 투자하고 있어요'라는 문구는 지극히 자연스럽습니다. 이 문장에서 투자 → 투기로 바꿔보면 문맥에 맞지 않고 영 어색해집니다.

투자의 한자 의미는 '던질 투(投), 재물 자(資)'입니다. 넓은 의미에서 이로운 것을 얻기 위해서 돈이나 시간, 노력 등을 쏟는 것을 투자라고 합니다. 주식 관점으로 본다면 수익을 얻기 위해 투자금과 함께 시간과 노력 등 공을 들이는 일이라고 볼 수 있습니다. 반면에 투기(投機)는 시간과 노력 등은 고려하지 않은 채, 오로지 이익만을 얻기 위해 위험부담이 큰 실물자산이나 금융자산을 구입하는 행위를 말합니다.

《허클베리 핀의 모험》으로 유명한 미국의 소설가 마크 트웨인

(Mark Twain)은 "일생에 투기하지 말아야 할 때가 2번 있다. 한 번은 여유가 있을 때고, 한 번은 여유가 없을 때다"라며 투기적인 거래로 실패한 경험을 말한 바 있습니다. 또한 물리학에서의 만유인력의 법칙과 수학 미적분법을 창시한 영국의 아이작 뉴턴도 영국 남해주식회사 투기 버블에서 거의 전 재산을 날린 뒤, "나는 천체의 움직임은 계산할 수 있지만, 인간의 광기는 계산할 수 없었다"라는 말을 남긴 유명한 일화가 있습니다.

 Point |
주식 투자에도 성공을 위해서는 많은 시간과 노력이 필요합니다. 지금 이 책을 읽고 있는 당신은 이미 성공을 위한 준비를 시작하셨습니다.

056

주식 투자의 자기관리, 센티멘탈sentimental

A 주식에 있어서 절대적인 성공의 법칙이란 존재하지 않습니다. 주식 시장에는 펀더멘탈(fundamental, 기업 가치)과 센티멘탈(sentimental, 심리)이 항상 공존하고 대립하기 때문입니다. 아무리 기업 가치를 잘 파악했다 하더라도 주식 투자는 사람이 하는 것이기에 주로 센티멘탈에 의한 매매가 많은 비중을 차지합니다.

실패하는 투자자의 일반적인 특징 중의 하나가 자신만의 투자 원칙이 없이 단순한 감으로 매매하는 것입니다. 이런 사람들은 어제 코스피 시장이 올랐는지, 내렸는지 혹은 뉴스에 좋은 호재가 나오는지, 안 나오는지 등 단순한 사실에 민감하게 반응하며 그러한 사실을 기초로 자신의 감을 결정하고 그 감에 따라 투자할 것인가 말 것인가를 결정합니다. 일반 투자자들 중 많은 사람들이 자기가 산 주식이 얼마 오르면 팔겠다고 정해놓고서도 그 가격이 되면 욕심이 생겨 더 기다리다가 결국 손실을 보는 경우가 많습니다.

주식 고수로 유명한 사람들의 인터뷰를 보면, "원칙을 세우고 그것을 지켰다"라는 대목을 많이 발견할 수 있습니다. 따라서 주식 투자자들은 자신만의 원칙을 세우고 지켜가는 게 중요합니다. 예컨대 '15%의 수익이 나면 팔고, 7%의 손실이 나면 미련 없이 손절매한다'든지, 'KOSPI200 종목 중에서 5일 이동평균선이 20일 이동평균선을 상향 돌파할 때만 매수하고, 하향 돌파할 때만 매도한다'라는 등 객관적으로 명확한 투자 원칙을 세우고, 철저하게 지키면서 매매하는 것이 중요합니다.

주식 투자는
사업이다

A 주식 투자의 세계로 온 건 환영하지만, 주식 투자를 가볍게 생각해 접근하는 사람들이 많은 것 같습니다. 사실, 주식 투자는 사업과 유사한 측면이 있습니다. 다른 어떤 사업보다 많은 준비가 필요한 사업이죠. 노력 없이 하루아침에 성공할 수 있는 사업은 없습니다. 그러나 많은 사람들이 특별한 준비 없이 주식 투자라는 사업에 뛰어듭니다. 하루아침에 성공할 수 있는 사업이 없듯, 주식 투자도 하루아침에 성공하는 경우는 드뭅니다.

우리는 몇만 원 하는 물건 하나를 구매할 때 인터넷 검색을 하며 열심히 가격 비교를 하고 사용 후기를 살핍니다. 그에 비해 주식은 정말 대범하게 삽니다. 주식 계좌 개설은 쉽고, 매매는 더욱 쉽습니다. 주변에 주식 투자로 돈을 잃었다는 사람이 대부분이었지만 자신은 다를 거라는 근거 없는 자신감이 팽배합니다. 주식 책 한 권을 제대로 읽어보지도 않은 채 주식 투자를 시작하는 사람도 많습니다.

거듭 강조하지만, 주식 투자는 사업입니다. 다른 사업과 마찬가지로 주식 투자도 자본을 투입해 수익을 얻습니다. 주식 투자를 사업으로 바라본다면 공부하지 않고 발품도 팔지 않으면서 무작정 운과 감에 맡긴 채 뛰어들진 않을 것입니다.

058

주가의 움직임에
끌려다니지 말라

A 하루에도 수시로 달라지는 주가를 보면서 평정을 지키기
란 쉽지 않은 일입니다. 그럼에도 오랫동안 주식 투자를
즐기기 위해서는 마음을 수련할 필요가 있습니다.

주식 투자 3대 불변 원칙은

첫째, 주가는 오르고 내림을 반복한다.

둘째, 주식 시장은 강자(큰손)와 약자(일반 투자자)의 싸움터다.

셋째, 주식 시장에서 본질적으로 확실한 것은 없다는 것입니다.
주가는 시장에서 확인해주며, 주식 시장에서 강자도 손해
를 봅니다. 주식 투자의 고수 1단은 살 줄 아는 사람이며, 3
단은 팔 줄 아는 사람이고, 9단은 쉬어야 할 때 쉴 줄 아는
사람이라는 말이 있습니다.

식당에 가보면 밥을 먹고 있는 중에도 주식 시세를 보고 있는 개인 투자자들을 심심치 않게 볼 수 있는데, 보고 있다고 원하는 대로 가격이 움직여주는 것도 아닙니다. 전업 투자자가 아니라면 일상생활을 유지하기 위한 자세가 필요합니다. 산책도 하고, 차도 마시며 몸과 마음을 쉴 줄 알아야 합니다.

Part 06

주식 투자 자금, 이렇게 관리하라

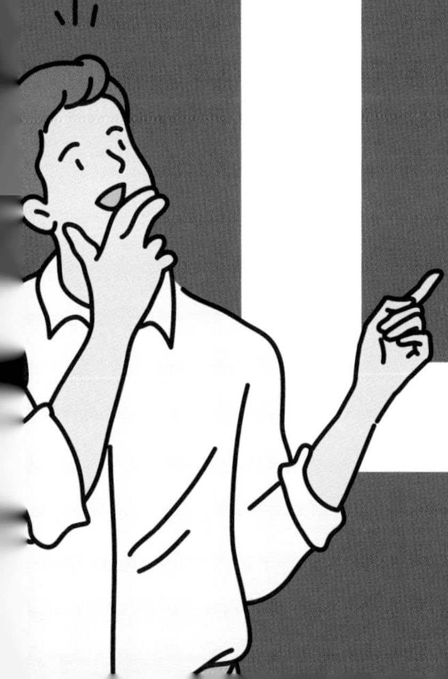

번 돈은
빼라

A "주식 투자에 적절한 자산규모는 얼마일까요?"라고 묻는 다면 "투자금은 많으면 많을수록 좋다"라고 대답하는 분이 많으실 겁니다. 물론 맞는 말입니다. 투자금이 많으면 더 큰 이익이 날 수 있고, 손실이 난다 해도 심리적으로나 자금적으로 견딜 수 있기 때문입니다.

다만, 우리는 투자에 앞서 번 돈에 대한 자금 관리를 어떻게 할지 반드시 생각해야 합니다. 주식 투자자들을 보면, 주식 투자로 난 수익을 빼놓는 사람은 많지 않습니다. 왜냐하면, 수익 금액을 최초의 투자금에 포함시켜 굴리면 더 많은 수익을 얻을 수 있다고 생각하기 때문이죠. 하지만 이는 위험한 생각입니다. 절대다수가 한정적인 자금으로 주식 투자를 하고, 이에 대한 승률도 결과적으로는 33%를 넘기기 쉽지 않죠. 주가가 오를 수도 있지만, 내리거나 그

자리일 수도 있으니까요.

최초 원금으로 시작한다는 마음으로

만약 500만 원으로 주식 투자를 해서 1,000만 원으로 불리면 그때부터 원금이 1,000만 원이라고 인식해야 합니다. 그 이후에 손해 보는 금액은 원금에서 손해 보는 것이라 생각하고 신중해야 한다는 뜻입니다. 그런데 대부분 1,000만 원이 되면 다소 무리하게 투자하게 되고, 손실을 입으면 최초 500만 원으로 시작했다는 생각으로 교만해집니다. 처음의 원금에서는 아주 조심스럽게 투자하던 사람이 돈을 벌면 공격적으로 바뀌는 경향을 흔히 볼 수 있습니다. 그럼에도 불구하고 문제는 마음을 쉽게 컨트롤할 수 없는 점입니다. 따라서 강제적인 방법으로 대처하는데, 가장 쉬운 방법이 번 돈을 빼는 것입니다. 번 돈을 인출해 다른 예금 통장에 넣어두는 것이죠. 그럼 다시 500만 원으로 시작한다는 마음으로 투자할 수 있고, 통장에 넣어둔 여유자금 때문에 더욱 객관적인 분석을 할 수 있습니다. 이처럼 수익을 자신의 주머니에 현실화시키는 방법이 매우 중요합니다.

교만해지는 순간, 시장은 얼굴을 바꾼다

'벼는 익으면 익을수록 고개를 숙인다'라는 말은 누구나 다 들어보셨을 것입니다. 필자는 이 말을 '주식은 오래 하면 할수록 시장에 겸손해진다'라는 말로 자주 바꿔서 인용합니다. 명심보감에는 '만초손겸수익(滿招損謙受益)'이란 말이 있습니다. 사물은 한껏 차면 자만심이 생기므로 손실을 초래하고, 겸손하면 이익을 받는단 뜻입니다.

그럼에도 불구하고 이제 막 주식 초보에서 벗어난 투자자들이 겸손하긴 쉽지 않습니다. 이들은 많은 책도 읽었고, 경제방송 시청과 신문 등을 정독합니다. 기업 분석과 차트를 분석하는 등의 많은 노력을 통해 계좌에 드디어 수익이 나기 시작하면서 자신감이 차오릅니다. '이렇게 하면 되는 거였어!'라는 교만감에 끝없는 재투자로 몸집을 키우면서 시장이라는 큰 파도 앞에 당당하게 맞서게 됩니다. 그러나 그때, 경기 및 업황 순환 사이클을 타고 찾아오는 체계적 위험(systematic risk)이 한순간에 투자자들을 무너뜨리는 경우가 있으므로 항상 겸손한 마음으로 투자에 임해야 합니다 (체계적 위험 : 주식과 채권 등의 증권위험의 일부로서 분산 투자에 의해 제거될 수 없는 분산불능 위험임. 이러한 위험은 세계 각국 정부의 인플레이션, 경기침체 등 전 세계 시장에 영향을 주는 환경으로부터 발생함).

바다의 변화무쌍함과 큰 파도에 대해 경계심을 갖는 동시에 만선의 기쁨에 감사해할 줄 아는 숙련된 어부처럼 말이지요.

060
투자 원금은
천천히 늘려라

A 먼저 한 이야기를 들려드리겠습니다. 옛날 어느 마을에 열심히 일해서 땅을 늘려가는 것을 큰 즐거움으로 생각하는 소작농이 있었습니다. 그 사람은 땅을 많이 가지면 행복할 거라는 생각에 열심히 일해서 땅을 늘려나갔습니다. 그러나 아무리 노력해도 별로 늘지 않는 땅에 아쉬움이 많았습니다. 그러는 중, 어느 마을에 넓고 비옥한 땅을 아주 싼 값으로 살 수 있다는 소식을 들었습니다. 그는 전 재산을 정리해 매매계약을 체결했습니다. 동이 틀 때부터 해가 지기 전까지 출발지점으로 돌아오면 그 땅을 모두 소유하기로 한 조건입니다. 그는 다음 날 아침부터 젖 먹던 힘을 다해서 달렸습니다. 해가 거의 질 무렵 출발지점으로 도착했으나 너무나 무리해서 피를 토하고 죽고 말았습니다. 그의 하인이 그를 몸이 겨우 들어갈 정도의 땅에 묻었습니다. 이 이야기는 러시아

의 대문호 톨스토이의 단편《사람에겐 얼마만큼의 땅이 필요한가》에 나오는 주인공 바흠의 이야기입니다.

　같은 상황이라면 여러분은 다를 것이라고 생각하시나요? 물론 머릿속으로 이성적으로 돌아올 거라고 생각하겠지만, 막상 같은 상황이 벌어진다면 '조금만 더'를 외치며 한 발자국이라도 더 가려고 하지 않을까요?

　주식 투자에서도 욕심을 부리는 상황은 비일비재하게 발생합니다. 그중 가장 흔한 케이스가 첫 투자에서 돈을 벌면 있는 돈 없는 돈 끌어다가 무리하게 투자금을 늘리는 거죠. 단번에 대박을 내겠다는 욕심에 무리수를 뒀다가 결국 후회의 나날을 보내기도 하고, '인생 뭐 있어'라는 마음에 작전주에 모두 쏟아부었다가 심신이 붕괴되는 상황을 맞이하기도 합니다. 한 번의 실수가 그동안 애써 모아 온 금쪽같은 돈을 모조리 앗아갈 수도 있고, 긴 노후생활을 위협할 수도 있습니다.

　주식 투자를 하다 보면 계속 수익을 낼 순 없습니다. 이익이 나기도, 손실이 나기도 하는 게 주식 투자죠. 우리는 이익에 비중을 두기보다 손실을 관리할 줄 아는 투자자가 돼야 합니다. 손실 관리를 제대로 하지 않으면 그만큼 치명적이기 때문입니다.

　손실의 규모가 커지면 커질수록 복구하기 위해 손실률보다 더 큰 수익률을 올려야 합니다. 이를 손실의 비대칭성이라 부르는데, 여러분이 어떤 종목을 매매해서 10% 손실이 났다면 이 손실을 만

회하기 위해 얼마의 수익률을 올려야 할까요? 10% 떨어졌으니 10% 오르면 된다고 생각하시나요? 아닙니다. 11.11%가 올라줘야 원금을 회복할 수 있습니다. 예를 들어 1,000만 원을 투자했는데 100만 원의 손실을 본 경우 남은 금액 900만 원으로 100만 원의 수익을 얻어야 하기에 100/900×100=11.11%의 수익률을 얻어야 비로소 만회되는 것입니다. 이런 이치로, 수익률이 −50%여서 원금이 500만 원 남았다면 다시 회복하기 위해 100%의 수익률을 올려야 합니다. 90%의 손실이 발생한 경우, 900%의 엄청난 수익을 올려야 비로소 원금이 회복됩니다. 손실의 규모가 작을 때는 그나마 괜찮지만, 커지면 커질수록 수익은커녕 원금 회복조차 감당하기 힘듭니다. 따라서 처음에 수익이 난다고 무리하게 투자금을 늘려가기보다 서서히 늘려가면서 진짜 실력을 쌓는 게 좋습니다.

061

투자 원금이 적을 때
손절매 훈련을 충분히 하라

A 우리 주변에서는 실전에 대비해 많은 재난 훈련을 진행하고 있습니다. 대표적인 예로, 뉴스를 통해 '한미 군사훈련'이란 말을 자주 들어보셨을 겁니다. 국방위 자료를 보면 최근 4년간 실시된 한미 연합 군사훈련에 한국군이 들인 비용은 약 102억 원 규모인 것으로 확인됐습니다. 이처럼 많은 비용을 들여 훈련하는 이유는 실전 훈련을 통해서 미리 대비하고 재난 발생 시 신속하게 처리할 수 있도록 하기 위해서입니다. 비단 군사 훈련 뿐만 아니라 소방 훈련, 지진 대비 훈련 등 많은 훈련들이 실전을 대비해 행해지고 있습니다. 그렇다면 왜 많은 비용을 들여가며 실전 훈련을 진행하는 걸까요. 바로 우리 몸의 특징인 '머슬 메모리(muscle memory)'를 위해서입니다. 이는 모든 기술은 머리가 아니라 몸에 기억을 시켜야 하는 원리인데, 다른 말로 '체화'라고 합니다. 어떤

기술이라도 무한한 반복 훈련을 통해 몸이 기억해야 실전에서 발휘할 수 있는 것이죠.

주식 얘기하다가 뜬금없이 왜 재난 훈련 얘기에 머슬 메모리 단어까지 나오는지 의아하신가요? 주식도 이와 다름없기 때문입니다.

'손절매하지 못하면 주식 투자를 말라'는 격언이 있습니다. 하지만 일반 투자자들이 손절을 결정하기는 쉽지 않습니다. 오히려 '존버(어떤 어려움이 있더라도 끝까지 버틴다는 뜻의 주식 용어)'라는 단어가 유행될 정도로 손실이 난 자산을 빠르게 청산하지 못해 더 큰 피해를 입는 경우가 많습니다.

행동경제학의 전망이론(Prospect Theory)은 손절매를 하지 못하는 이유를 이렇게 설명합니다. 다음의 2가지 선택지가 있을 때 여러분은 어떤 선택을 내실 건가요?

|질문 1|

A: 100% 확률로 500만 원을 받는다.

B: 50% 확률로 1,000만 원을 받을 수도 있지만 50% 확률로는 한 푼도 받지 못한다.

선택하셨나요? 이번에는 질문을 살짝 바꿔보겠습니다.

| 질문 2 |

A : 100% 확률로 500만 원을 잃는다.

B : 50% 확률로 1,000만 원을 잃거나 50% 확률로 한 푼도 잃지 않는다.

여러분은 어떤 선택을 하셨나요? 둘 다 A 혹은 B였나요? 아니면 하나는 A, 하나는 B를 선택하셨나요? 경제학계는 기대효용이론(Expected Utility Theory)을 통해 합리적 개인은 위 두 질문 모두에서 같은 답을 선택할 것이라고 말합니다. 기댓값이 같은 상황에서 위험을 기피하는 사람은 A를, 위험 감수를 선호하는 사람은 B를 선택한다는 것입니다.

하지만, 실제 실험을 해보면 질문1에는 A를, 질문2에는 B를 선택하는 사람들이 훨씬 많다고 합니다. 기대효용이론의 관점에서는 발생할 수 없는 결과가 등장한 격입니다. 행동경제학에서는 이 결과를 통해 인간의 비이성적 본성을 설명합니다. 이는 사람들의 판단이 항상 합리적일 수는 없다고 전제합니다. 또한, 사람들은 이득과 손실을 경험할 때 비대칭적인 효용을 느낀다고 주장합니다. 즉, 사람들이 손실에서 얻는 고통이 이익에서 얻는 만족감보다 더 크다는 것입니다. 위에서 제시된 것과 같이 보통 사람들이 500만 원 수익일 때 얻는 만족감보다, 500만 원 손실일 때 겪는 고통이 더 커서 같은 500만 원이라도 서로 다른 판단을 하게 된다는 것입니다.

그 결과, 사람들은 손실에 대해서는 더 크게 반응하고 위험 선호도마저 이익과 손실을 대할 때 달라집니다. 손실을 본 경우에는 어떻게든 손해를 메우기 위해 더 위험한 선택을 내리게 됩니다. 앞의 질문2처럼 500만 원 손실을 확정하는 것이 아니라, 손실 복구를 위해 1,000만 원을 잃을 수도 있는 위험을 감수하는 것이죠. 반대로 이익이 날 때는 위험 기피 심리가 커져 확정적인 이익을 선호하게 됩니다.

많은 투자자들이 '손절매'를 머뭇거리고 '존버'를 택하는 이유를 아셨나요? 사람들은 손실을 확정 짓는 선택을 꺼립니다. 대신, 손실 복구를 위해 손실이 더 커질 수도 있는 위험한 도박에 자신의 운을 맡기게 됩니다. 거기에 손실 복구 확률을 실제보다 크게 가정해 오히려 손실이 더 커지는 것이죠.

행동경제학의 이론을 보면, 사람은 비이성적입니다. 이성적으로 믿고 있을지라도 손실을 대하는 자세는 손절매를 머뭇거리는 비이성적 판단이 작용하게 되는 경우가 많지요. 하지만 우리가 진정한 주식 투자자로 거듭나기 위해 손절매를 할 줄 알아야 합니다. 그러기 위해선 어떻게 해야 할까요?

바로 꾸준한 연습으로 '머슬 메모리'를 몸에 익혀놔야 합니다. 그러기 위해선 투자 금액이 적을 때부터 꾸준히 훈련하는 게 좋겠지요? 먼저 자신만의 원칙을 세우고 지키려고 노력하세요. '20% 손실이 나면 무조건 손절매한다'는 원칙이면 100만 원 투자 시 손절매을 통해 20만 원의 손실을 확정해야 합니다. 20만 원 손해로 하늘이 무너지진 않겠지요? 이렇게 지속적으로 근력을 키워놔야 나중에 큰 금액을 투자했을 때도 원칙대로 손절매할 수 있습니다. 훈련이 안 된 사람은 손절매를 실행하기 어렵습니다. 1억 원을 투자했는데 20% 손실이 나서 손절매를 한다면 당장 2,000만 원이 날아간다는 생각에 '존버' 태세를 취하는 경우가 많습니다. 그러다결국 반 토막이 나서야 더 잃을까 봐 두려워 팝니다. 원칙대로 했으면 손해를 줄일 수 있었는데 뒤늦은 후회만 남을 뿐입니다. 따라서 투자금이 적을 때부터 손절매 훈련을 하셔야 합니다. 근력을 키워놔야 비이성적 판단이 작용하기 전에 합리적으로 손절매를 실천할 수 있습니다.

062
시황에 따라 현금과 주식의 보유 비율을 달리하라

A 주식 투자하면서도 일정 현금을 보유하는 게 좋습니다. 만약 3,000만 원이 있다면 전액을 주식에 쏟아붓는 게 아닌 2,000만 원은 주식을 사고, 1,000만 원은 현금으로 남겨놓는 식으로 구분을 해야 합니다(개인마다 주식과 현금 비중은 다를 수 있습니다). 현금을 보유하라고 하니 마치 투자 기회의 상실처럼 느껴지시나요? 하지만 곰곰이 생각해보면 현금 보유의 위력은 엄청납니다.

주식 투자뿐 아니라 기업과 가정에서도 현금 보유를 통한 유동성을 확보하는 것은 매우 중요합니다. 유동성 위기를 겪으면 자산을 제값 받고 처분하기 어려워집니다. 따라서 유동성을 확보한다는 것은 투자 이전에 보유 자산을 정상값으로 처분할 수 있는 버팀목이 됩니다. 또한, 개인 또는 기업이 파산해서 실물자산이 시장에 나오면 이를 싸게 매입할 수 있는 강력한 수단이 됩니다. 더불어 주식 시장은 상승과 하락을 반복하기에 시장이 하락조정을 받을 때 주식을 싸게 매수해서 향후 상승하면 그 차익을 남길 수 있는 투자 도구가 될 수 있습니다. 따라서 '현금 보유=기회비용'이라고 생각하고, 비이성적으로 지수나 종목이 급락할 때 그 현금을 최종병기로 활용해야 합니다. 외국의 주식 투자의 격언으로 '대포 소리가 들릴 때 사서 승리의 나팔이 울릴 때 팔라(Buy at the cannons'roar, sell when the trumpets sound)', '투자하기에 최선의 시점은 하늘에 잿빛 먹구름이 가득할 때다(The best possible time to invest is when the sky is black with clouds)'라는 말도 현금이 있어야 가능합니다.

주식은 싸게 사서 비쌀 때 파는 게 맞습니다. 그래서 시장의 큰손(외국인 및 기관 등)은 어느 정도 과하게 오르면 팔고 다시 조정이 깊어지면 매수합니다. 개인도 이런 마인드를 잘 알고 있지만, 현실에서 몸은 반대로 움직입니다. 주가가 오르면 좋아 보이고 내리면 나빠 보입니다. 그래서 개인은 오르면 오를수록 그 종목에 대한 관심이 높아지고 내리면 내릴수록 그 종목에 대한 불안이 커져갑니다. 그래서 많이 오른 상태에서 결국에 개인 다수가 추격매수하고, 많이 떨어지면 역으로 추격 매도합니다. '개인 투자자의 다수가 왜 손실을 보는가'를 말해주는 가장 중요한 이유입니다.

IMF, 서브프라임, 유로존 사태 등 경제 위기를 겪으면서 주가는 큰 폭으로 하락했습니다. 그러나 놀라운 사실은 주식 매매에서 진짜 대박을 내는 투자자는 위기가 극대화되었을 때 매수한 투자자라는 사실입니다. 위기가 극대화될 때 좋은 종목의 주가가 헐값이 되고, 싼 가격에 매수한 투자자가 이후 주가가 많이 오르면서 큰 시세차익을 내는 논리입니다. 바꾸어 말하면 주식 시장이 크게 하락한다면 주식 비중이 큰 투자자에게는 위기이지만, 현금 보유자에게는 큰 기회가 됩니다. 그럼에도 불구하고 개인 투자자는 주가가 하락할수록 기회라고 느끼기보다는 더욱더 불안해져 갑니다. 주가가 하락할수록 위기의식이 커지기 때문입니다.

또한 주식 시장이 다시 오를 것으로 생각하면서도 보유 현금이 별로 없다는 것이 문제입니다. 위기에서 매수할 종잣돈이 없는 것이죠. 그러므로 시황에 따라 주식과 현금 비중을 달리하는 게 좋습니다. 주식 시장이 좋지 않을수록 현금 비중을 높여 기회를 노려야 하며, 주식 시장이 반등하면 주식 비중을 높여 오르는 시장 분위기에 편승하시면 됩니다. 물론 이때도 현금 비중은 남겨둬야 합니다. 일정하게 현금을 보유하고 있으면 시장을 객관적으로 볼 수 있습니다. 더불어 종목 선정을 할 때나 매매를 할 때 마음의 여유가 생기고, 이는 수익률과 연결됩니다. 마음의 여유가 있는 사람이 조급한 사람을 이기는 이치입니다.

소극적 투자를 할 때와 적극적 투자를 할 때

A 주식 시장을 대하는 태도에 따라 '적극적 투자 전략'과 '소극적 투자 전략'으로 구분할 수 있습니다. 적극적 투자 전략은 말 그대로 적극적으로 투자해 시장 평균수익률을 넘어서는 것을 목표로 합니다. 이에 비해 소극적 투자 전략은 시장 전체의 평균 수익을 얻거나 투자 위험의 감소를 목표로 하는 투자 전략입니다. 즉, 증권시장이 효율적이라는 것을 전제해 초과 수익을 얻는 것이 사실상 힘들다고 판단하는 것입니다. 소극적 투자 전략의 대표적인 것이 인덱스 전략입니다. 주식 시장의 인덱스로는 'KOSPI', 'KOSPI200'이 대표적입니다. 인덱스는 시장 전체의 움직임이므로 인덱스 펀드에 가입하면 지수 산정에 포함되는 주식을 모두 산 것과 같은 효과를 얻게 됩니다. 즉, 이렇게 구성된 투자는 수익과 위험에서 시장 평균 수준만큼의 성과를 누리는 것이죠.

반면 개별 주식 시장은 시장 전반과는 다르게 움직이는 경우가 많습니다. 국내 주식 시장이 거의 변화가 없는 상태에서도 개별 종목에 따라서는 크게 오를 수도 있고, 크게 떨어질 수도 있습니다. 적극적 투자 전략은 시장의 비효율성을 전제로 종목 선정에 심혈을 기울입니다. 따라서 여러 종목보다는 제한적으로 선택한 종목에 좀 더 집중하는 경향이 있고, 주가 예측을 통해 단기 매매하는 성향을 보입니다.

자금 관리에서 가장 어려운 점은 적극적으로 투자할 때와 소극적으로 투자할 때를 분간하는 것입니다. 적극적 투자가 필요한 시기에 소극적으로 투자하면 충분한 수익을 얻지 못합니다. 반면 시장에 약세 전환되어 조심해야 할 때, 적극적 투자를 하면 손실이 커지지요. 그럼 어떻게 시기를 분간할 수 있을까요? 간단하게 3가지만 기억하고 삼유(三有)장세는 상승장, 삼무(三無)장세는 하락장으로 판단해서 대응하세요.

1. 주도 매수 주체(사고팔기를 번복하는 투자자가 아닌, 매수에도 추세를 보이는 매수세력)
2. 주도 업종 및 주도주(전쟁에서 승리하려면 훌륭한 장수가 필요한 법, 주식 시장을 이끌어 가는 대장주)
3. 펀더멘탈(증시의 역사적 벨류수준 및 경기동향, 글로벌 증시 흐름 등 외부변수)

Part

07

|

**투자 기간에
따른
전략, 전술
변화**

A

064

시간이 약이다,
장기 투자 법칙

A 　주변에서 주식으로 돈 벌었다는 사람들의 이야기를 들어
보면 장기 투자에 관한 이야기가 많습니다. '수십 년 전
삼성전자 주식을 사놓고 잊고 살았는데, 최근에 계좌를 열었다가
벼락부자가 되었다'와 같은 이야기가 주를 이룹니다. 그 투자자는
삼성전자라는 유망한 종목을 골라 투자금을 넣었으며, 주가의 출
렁임에도 버틴 덕에 엄청난 수익률을 거둘 수 있었을 것입니다.

하지만 사서 묻어놓는다고 능사는 아닙니다. 만약 이 투자자가
그때 당시에 삼성전자가 아니라 대우그룹 관련주를 샀다면요? 높
은 성장성을 가졌다는 이유로 인기가 많았던 새롬기술 주식을 샀
더라면 이 투자자의 계좌는 텅텅 비어 있었을 것입니다. 이런 이유
로 장기 투자를 하기 위해서는 애초에 어떤 종목을 사서 보유하는
가가 매우 중요합니다.

부자들은 우량자산을 오랫동안 보유하는 장기 투자를 합니다. 여기서 우량자산이란, 어느 정도 수익률을 예상할 수 있는 자산을 말합니다. 하지만 장기 투자로 돈을 벌지 못한 사람들은 수익률이 낮은 자산을 그것도 아쉬움을 버리지 못하고 오래 가진 투자를 하는 경우가 많습니다. 이런 방식은 사실상 장기 투자라고 하기 어렵습니다.

장기 투자의 대표주자 워런 버핏은 투자의 원칙에 대해 이렇게 말합니다. 많은 전문가들이 이해하기 어려운 전문 용어와 무수히 많은 숫자를 제시하며 가치 투자를 하라고 하지만, 전문용어와 의미를 알 수 없는 숫자보다 더 중요한 것이 있다고요. 워런 버핏은 아래와 같은 3가지 원칙을 제시합니다.

첫째, **지속적으로 이익을 내는 회사를 찾아야** 합니다. 투자자가 모든 기업을 잘 안다는 것은 현실적으로 어려운 일입니다. 따라서 투자자를 부자로 만들 단 몇 개의 기업만 확실히 알 수 있다면 바로 그 기업들이 투자자를 부자로 만들어줄 것입니다. 가치 투자는 먼저 그런 기업을 찾는 데서 시작합니다.

둘째, **투자자가 직접 경험하고 익숙한 회사를 선택해야** 합니다. 실제 워런 버핏은 맥도널드, 코카콜라, 워싱턴포스트, 웰스파고 은행 등 우량한 기업 주식을 찾았습니다. 어떻게 찾았을까요? 그 자신이 직접 먹고 마시고, 읽고, 이용하는 익숙한 회사를 선택했습니다. 물론 재무제표를 꼼꼼히 읽고 과거와 현재의 수익을 확인, 이를 통해 미래의 가치를 판단하기도 했죠.

셋째, 꾸준히 순이익을 내는 기업 몇 개만 골라 선택해야 합니다. 지속적으로 적자를 내지 않고 상대적으로 높은 순이익을 내는 기업을 몇 개만 선정해 투자하는 것이 어설프게 분산 투자하는 것보다 훨씬 이득입니다.

065

장기 투자,
실행력을 높이는 방법

A 솔직히 우량주를 사서 묻어두는 게 좋다는 건 압니다. 하지만 시시각각 오르는 주식들이 보이는데 마냥 묻어두는 게 쉽지 않습니다. 사실, 많은 개인 투자자들이 장기 투자를 해야 한다는 사실을 알고 있지만, 말처럼 쉽지 않다고 합니다. 그 이유는 심리싸움에서 밀리기 때문입니다. 조금만 오르면 떨어질까 봐 무서워 팔아버립니다. 또한, 매수가보다 가격이 떨어지면 본전 생각에 팔지 못하고 물려 있다가 오랜 기간 지나 가격이 오르면 본전 심리가 작동해서 바로 팔아버리는 경향이 있습니다. 개인들은 그동안 물려서 고생한 것 때문에 팔아서 빨리 본전을 회복할 생각부터 하는 것이죠. 그렇게 하면 비록 손해는 보지 않았더라도 큰 수익을 내지 못합니다.

일부 장기 투자자 주식을 살펴보면 우량주라고 골라서 장기 투자를 했음에도 몇 년이 지나도 매수 가격보다 낮은 경우가 많습니다. 이런 경우, 과연 사들인 주식이 저평가 우량주였나 짚어볼 필요가 있습니다. 이분들 중에는 처음부터 장기 투자를 하겠다고 계획을 세운 후 주식을 매수하는 것이 아니라, 그냥 잘나가는 종목이라고 생각해서 사는 경우가 많습니다. 주식을 마치 쇼핑하듯이 합니다. 최소한 본인이 사려고 하는 종목이 시장가치로 얼마나 되는지, 내리고 있으면 앞으로 얼마나 더 내릴 것 같은지, 혹은 오르면 어느 정도 오를 것으로 예상하는지 알아보려고 노력해야 합니다. 현재 잘나가는 주식이라고 해서 무턱대고 사면, 그 시점이 고점이 되는 경우가 많습니다. 반대로 고점 대비 많이 빠졌다고 생각하고 샀다가 계속 내려서 원하지 않는 장기 투자로 이어지는 경우도 허다합니다.

결론적으로, 장기 투자라고 해서 무턱대고 아무 종목이나 사서 장기로 보유하라는 말이 아닙니다. 장기 투자는 운이 아니라, 냉철한 분석과 끈기가 바탕으로 시장의 흔들림을 이길 수 있을 때, 진정한 수익을 올릴 수 있습니다.

066

알짜 수익을 노린다,
중기 투자 법칙

A 앞서 얘기한 장기 투자의 관점은 성장이 지속한 기업에 동참함으로써 지속적으로 상승하는 주가 수익을 얻는 데 있습니다. 하지만 업황이나 기업의 실적 악화 등의 이유로 주가가 하락하는 경우, 많은 손실을 입을 수도 있습니다. 또한 장기 투자에 따른 기회비용의 감소도 장기 투자의 단점으로 볼 수 있습니다. 따라서 이에 대안으로 중기 투자가 등장하게 됩니다.

투자 기간의 정의는 개인마다 다를 수 있습니다. 예를 들어, 평소에 주식을 일주일 간격으로 계속 사고팔며 단기 투자를 하던 사람이 갑자기 1년 이상 주식을 보유하게 되면 이 사람은 그 기간을 굉장히 길게 느끼게 됩니다. 그래서 자신의 투자 방식을 장기 투자라고 정의하게 되겠지요. 하지만 평소에 주식을 5년에 한 번 사고팔던 사람은 주식을 1년 이상 보유하더라도 그 기간을 길게 느끼지 않습니다. 그래서 자신의 투자 방식을 단기 투자라고 부를 수도 있습니다. 따라서 투자 기간을 한마디로 나눠 말할 순 없지만, 통상적으로 6개월 이상에서 3년 미만을 중기 투자라고 부릅니다.

참고로, 중기 투자는 기업에 관한 중기 투자와, 코스피·코스닥 주가 흐름에 관한 중기 투자로 구분해볼 수 있습니다. 필자는 기업에 관한 중기 투자를 보통 2년 내외로 보는데, 그 이유는 대체로 한 기업이 생산설비에 투자해서 그것이 이익으로 환원되기에는 약 2년 내외의 시간이 필요하기 때문입니다. 어떤 기업이 이번 해에 설비 투자에 집중했다면, 이러한 투자가 가까운 미래에 손익분기점에 도달해야만 하고, 이후 가시적인 성과를 내주어 투자에 상응하는 이익으로 다시 기업에게 자금이 돌아와야 합니다.

만약 3년 이상 시간이 흘렀음에도 어느 정도의 실적이 뒷받침되지 못한다면 기업의 성장성에 대한 의문이 제기될 수 있습니다. 따라서 개인 투자자의 자금은 아무리 길게 보아도 3년 안에 결판이 나야 하는 원리가 중기 투자입니다. 개인들이 주식에 투자한다는 것은 시세차익을 얻고자 함인데, 몇 년간 주식에 돈이 묶여 있을 수밖에 없다면 최소한 은행이자 이상의 수익을 내주어야만 합니다. 그렇지 못하다면 차라리 은행이자로 만족해야 하거나, 원금 손실 없는 다른 금융상품에 투자하는 것이 현명하다고 볼 수 있습니다.

코스피·코스닥 주가 흐름에 관한 중기 투자 시기는 앞선 기업에 관한 중기 투자보다 짧을 수 있습니다. 이때는 경기 흐름을 보고 중기 투자 여부를 판단합니다. 중기 투자의 적기라는 공감대는 '경기가 더 악화되지 않고 반기(또는 1/4분기) 후에는 회복될 것이라는 기대'로부터 출발합니다. 더불어, 당장 경기가 크게 좋아지지 않더라도 경기에 선행하는 주가의 특성상 경기 회복에 대한 기대감만으로 증시가 좋아질 가능성이 높습니다.

Plus tip 중기 투자의 대표주자, 조지 소로스

워런 버핏과 조지 소로스는 동갑내기 투자입니다. 같은 해(1930년)에 태어난 두 투자 전설은 함께 언급되는 일이 많은데요, 나이는 같지만 투자 스타일은 정반대입니다. 워런 버핏은 늘 '경제를 예측하는 것은 의미가 없다. 기업에 집중하라'고 투자자들에게 조언하곤 합니다. 하지만 조지 소로스는 개별 기업이나 주식보다도 오로지 경제에 집중해 성공적인 투자 실적을 올린 투자자입니다.

중기 투자 종목 선별법 10

1. 5종목 이내로 포트폴리오(보유종목)를 압축해야 합니다.

2. 매일 변동하는 주가에 일희일비하지 않는 인내심이 필요합니다.

3. 대박의 꿈을 버리는 대신, '시중 금리보다 높은 수익을 안정적으로 얻겠다'는 편안한 마음가짐이 중요합니다.

4. 해당 기업의 성장 스토리도 중요하지만, 속해 있는 경기 및 업황에 중점을 둬야 합니다.

5. 부채비율이 낮고 유보율이 높은 안정성이 높은 기업을 중점으로 선별해야 합니다.

6. 배당 투자의 관점은 아니지만, 최소한 이익잉여금으로 매년 배당을 실시하는 기업을 선정합니다.

7. 사채 발행(CB, BW)이나 유상증자 등으로 잦은 자금조달이 있는 기업은 피합니다.

8. 외국인과 기관 등 메이저 투자자들의 보유지분이 최소 10%이상인 기업으로, 유동성도 풍부한 기업을 선정합니다.

9. 최소 1년 안에 증권사의 매수 의견 및 목표주가 상향등이 있는 커버리지 종목을 선정합니다.

10. 해당 기업이 생산 및 개발, 서비스하는 제품에 대한 이해도가 높아야 합니다.

067

짧은 기간에 수익을 높인다, 단기 투자 법칙

A 단기 투자는 재무 재표나 각종 수익성, 안정성, 성장성 지표 등 복잡하고 난해한 기업분석에 중점을 두는 것이 아닙니다. 시장의 유행이나 차트의 일봉, 추세, 보조지표 등 기술적 분석에 더 큰 비중을 두고 매매하기 때문에 대다수의 개인 투자자들의 접근이 상대적으로 쉽고, 앞서 살펴봤었던 시장의 '체계적 위험(systematic risk)'을 피할 수 있는 장점이 있습니다.

단기 투자를 대하는 자세

단기에 높은 수익을 올리려고 변동성이 큰 종목에 투자했는데, 곧바로 손실이 발생하면 어떤 생각이 들까요? 매매계획이 예상과는 다르게 진행되고 있다는 것을 알면서도 선뜻 처분을 못 하고 계속 보유하는 경우가 많습니다. 종목이 계속 하락해 수익률이 −20~30%가 되면 이미 손절하기에는 늦었다고 여기고 기다릴 수밖에 없다고 생각합니다. 이후에도 오랫동안 지지부진하면 결국 이러지도 저러지도 못하는 상황에 빠집니다.

단기로 투자할 때는 손절이 필수입니다. 하지만 인간은 손실 회피 본능이 있기 때문에 실제로 손절을 실행하기가 쉽지 않습니다. 손절을 실행한다는 것은 단기 투자에서 매매타이밍을 맞추지 못했다는 점을 솔직히 인정하는 행위입니다. 사실 주가의 단기 방향성을 정확히 예측하는 것은 거의 불가능하므로 단기 방향을 맞출 확률과 맞추지 못할 확률이 각각 반반이라고 봐야 합리적입니다. 따라서 단기 투자 시에는 예측이 언제든 빗나갈 수 있다고 여기고 본인이 감당할 수 있는 정도의 손실률을 사전에 정해놓은 다음, 실제 그만큼 손실이 발생하면 실패를 인정하고 미련 없이 정리하고 나와야 합니다.

068

오르는
단기 투자 종목 선별법

첫 번째, 단기 매매에서 기업 분석은 크게 중요하지 않으나, 최소한 동전주(1,000원 미만 주식)와 관리 종목, 우선주 등은 피하는 습관을 들여야 합니다.

두 번째, 166~167쪽에서 살펴본 주가패턴에서 상승패턴인 역머리어깨형(역헤드앤숄더), 역쌍봉형(쌍바닥), 강세이등삼각(이평선수렴), 상승직사각형(박스권상단돌파), 횡보후 재상승(플랫폼 기간조정완료), 조정후재상승(눌림목 가격 조정완료), 조정후상승(페이크조정), V바닥형(악재해소), 상승(추세상승) 중 자신과 제일 잘 맞는 패턴 3개를 선정해서 집중 및 반복적으로 매매합니다.

세 번째, 종목을 선정할 때는 지수를 이끌어가는 업종, 업종 내에서 탄력이 가장 강한 종목을 찾는 것이 중요합니다. 업종이나 테마의 시세는 1등과 2등, 3등주들이 시세순으로 정렬해서 움직이는데, 1등주의 상승폭이 부담되어 2등주와 3등주들을 매매하는 투자자들이 많습니다. 그러나 2, 3등주 매매는 수익이 없이 들러리만 서다가 시세가 마무리됨을 기억하고 대응해야 합니다.

069

Q 여러 가지 단기 투자 방법

A 단기 투자 기간에 따라 스캘핑, 데이트레이딩, 스윙으로 나뉩니다.

1. 스캘핑

주식 보유시간을 통상적으로 2~3분 단위로 짧게 잡아 하루에 수십 번 또는 수백 번씩 주식 거래를 하며 박리다매 식으로 매매차익을 얻는 기법입니다. 스캘핑은 단기 투자 기법 중에서도 가장 속도감 있는 초단기 주식 매매 기법입니다. 스캘핑을 전문으로 하는 거래 주체를 '스캘퍼'라고 합니다. 스캘핑의 최대 관심사는 단기적인 가격과 수급 변동입니다. 스캘핑은 주로 거래량이 많고 가격 변화가 빠른 주식 종목에서 이뤄집니다.

2. 데이트레이딩

말 그대로, 하루 안에 매매를 끝내는 주식 투자를 하는 기법입니다. 이 기법을 사용하는 투자자를 '데이트레이더'라고 하는데, 보통 하루 안에 매수와 매도를 마무리 짓고 장이 끝나면 계좌에 주식을 남기지 않는 경우가 많습니다. 스캘퍼보다는 주식 보유기간이 길지만, 최대 1일 동안만 보유하기 때문에 데이트레이딩이라고 합니다. 수익이든 손실이든 관계없이 당일 장이 마감하는 시간에 모든 주식을 처분하고 다음 날 다시 제로 상태에서 매매를 시작하는 것이 특징입니다.

3. 스윙트레이딩

주식 보유 기간을 최대 일주일까지 갖는 매매기업을 말합니다. 투자자들 사이에서는 통상 '스윙'이라는 용어로 통용되며, 이 기법을 사용하는 투자자를 '스윙 트레이더'라고 합니다. 주식 시장은 월요일부터 금요일까지 평일 5일간 열리므로 5일 이하로 주식을 보유하며 매매하는 것을 의미합니다.

주식을 매수해서 보유, 매도하는 기간도 원칙과 그것을 지키는 것이 중요합니다. 데이트레이더가 수익 종목은 매도하고 손실 종목은 다음 날로 넘기게 되면 스윙트레이더가 되는 것이며, 스윙트레이더가 수익 종목은 매도하고 손실 종목은 몇 달 이상 보유하면 중기 투자자가 되고, 더 나아가 아무 근본 없는 장기 투자자가 됩니다.

070
투자금을 효율적으로 배치하는 전략

A 투자금을 나누는 기준은 개인마다 다를 수 있지만, 우리는 효율적인 투자금 관리를 통해 수익률을 높일 수 있습니다. 과학적인 투자 자금 관리 방법은 바로 '켈리의 법칙'입니다. 1956년 미국 뉴저지의 벨 연구소 연구원으로 근무하던 물리학자 존 래리 켈리 주니어(John Larry Kelly Jr.)는 적정 투자 규모를 산출하는 수학 공식을 개발했습니다. 이는 어떤 게임에 동일한 금액으로 베팅을 지속한다고 했을 때 승률과 손익비를 고려, 원금의 얼마를 투자해야 하는가에 대한 법칙으로, 공식은 다음과 같습니다.

$$f = \frac{bp - q}{b} = \frac{p(b + 1) - 1}{b}$$

f : 보유자금 대비 투자 금액 비율

b : $\frac{평균수익금액}{평균손실금액}$

p : 승리확률

q : 실패확률(다른 표현으로 하면 1-p가 됨)

예를 들어 50%의 승률을 갖고 있는 사람이 있습니다. 1원 투자 시, 이기면 2원의 수익, 지면 1원의 수익이 발생하는 게임을 하려고 합니다. 이때, 원금의 몇 %를 베팅해야 할까요?

f= $\frac{0.5(2+1)-1}{2}$ = 0.25 이므로 원금의 25%만 베팅해야 합니다.

70%의 승률을 갖는 사람이 1원을 투자 시 이기면 5원의 수익, 지면 3원의 손실이 발생하는 게임을 하려면 52%를 베팅해야 합니다(f= $\frac{0.7(5/3+1)-1}{5/3}$ = 0.52).

만약 성공 확률이 50%고, 성공 시의 평균수입금액과 실패 시의 평균손실금액이 똑같은 경우엔 f=0으로 투자하지 말아야 합니다. 어쩌면 이는 당연한 결론입니다. 성공 확률이 50%에 불과하고, 성공 시의 수익 금액과 실패 시의 손실 금액이 같다면 수익이 없으므로 굳이 투자할 이유가 없기 때문입니다.

매회의 투자 금액 비중(f)이 늘어나려면 성공확률(p)이 올라가거나, 투자 시 평균수익금액이 평균손실금액보다 커야 합니다(b). 시장의 단기 방향을 맞추기는 거의 불가능하므로 여러 번 투자한다고 할 때 시장 방향을 맞출 확률은 50% 정도라고 봐야 현실적입니다. 결국 투자 비중이 늘어나려면 투자 시의 평균수익금액이 평균손실금액보다 커야 한다는 결론에 이르게 됩니다. 이는 시장 방향성 예측이 맞아떨어졌을 때는 수익을 극대화하고 예상이 빗나갔을 때는 손실을 최소화해야 한다는 뜻이기도 합니다. 손실을 최소화하려면 손절을 잘해야 한다는 의미도 포함되겠지요.

071

성격에 따라
투자 종목이 달라진다

A 장기, 중기, 단기 투자 모두 주식으로 돈을 벌 수 있는 방법입니다. 단, 주의해야 할 점이 있습니다. 장기와 단기 투자법을 함께 쓰는 것은 자제해야 합니다. 장기 투자 종목은 하루이틀이나 한두 달 만에 목표 주가에 이르지 않습니다. 1~2년이 걸릴 수도 있고, 그 이상 걸릴 수도 있습니다. 그러므로 장기 투자자는 기업의 근간이 흔들리지 않는다면 2년이든 3년이든 보유하는 경향이 있습니다. 장기 투자자라면 기업의 상태가 괜찮은데도 주가가 떨어졌다고 앞뒤 안 가리고 팔아서는 안 된다는 거죠. 또는 기업 분석을 통해 목표 주가를 정했다면 신중하게 기다릴 줄도 알아야 합니다. 주가가 좀 올랐다고 급하게 팔면 안 됩니다.

반면, 단기 투자자들은 주식을 길게 보유하지 않습니다. 주식을 사면 짧게는 하루, 길어도 한 달 내에는 주가가 올라야 한다고 생각합니다. 그러나 예상과 다르게 주가가 하락하면 손해를 확정하지 못하고 들고 있음으로써 중장기 투자로 이어지게 됩니다.

따라서 우리는 주식 투자 전에 투자 유형을 정하는 게 좋습니다. 또한, 본인의 성격에 맞게 주식 투자를 해야 한다는 결론도 나옵니다. 예를 들어, 성격이 급한 사람은 단기 투자나 데이트레이딩 위주로, 성격이 느긋하고 여유로운 사람은 중·장기 투자 위주로 해야 합니다. 다만 중요한 점은 본인의 성격과 실제 주식을 하면서 나타나는 성격은 다를 수 있다는 것입니다. 이를테면 성격은 급하지만, 실제 매매를 할 때는 느긋해질 수 있고, 평소에는 느긋한 사람이지만, 매매만 하면 성격이 급해 초조함을 나타낼 수도 있습니다. 마치 운전하는 것을 보면 그 사람의 본성을 알 수 있다는 말이 있듯, 주식 투자도 독립된 공간 안에서 남의 시선을 신경을 쓰지 않아 오로지 본인의 본성이 나오기 때문입니다.

따라서 본인의 성향을 먼저 파악한 후, 그에 맞는 투자법을 취하는 것이 좋습니다. 다만, 성공을 얻기 위해서는 자신의 한계를 극복해야 하는 경우가 많듯, 본인의 싱격을 극복하는 지세도 필요합니다. 성격이 급한 사람이라면 매사에 여유롭고 신중하게 생각해서 결단을 내리거나 일을 처리해야 하며, 성격이 느긋하고 여유로운 사람은 조금 더 빠르게 매매할 줄도 알아야합니다.

Part

08

ㅣ

본인의
성향을
파악해야
투자에서
이긴다

072

개미도 수익을
낼 수 있을까요?

A 주식 시장은 누구에게나 열려 있는 투자 시장으로, 개인 투자자도 얼마든지 수익을 낼 수 있습니다. 개인임에도 거듭된 수익률로 큰 자금을 운용하는 사람을 '슈퍼개미'라고 부릅니다. 또한 아직 슈퍼개미 반열에는 오르지 못했지만 지속적으로 수익을 내는 개인 투자자도 많습니다. 그럼에도 불구하고 '주식 시장은 개미에게 불리하다', '개미는 기관 및 외국인의 먹잇감이다' 등의 말이 도는 것이 현실입니다. 왜 그럴까요? **주식으로 돈을 벌어본 개인 투자는 많지만, 투자금 관리의 실패로 인해 지금 벌고 있는 개인 투자자는 많지 않기 때문입니다.**

"누구나 그럴싸한 계획을 가지고 있다, 맞기 전까지는(Everyone has a plan, Until they get punched in the mouth)." 이 말은

1980~1990년대 핵주먹으로 유명한 헤비급 최고의 복싱 스타 마이크 타이슨(Mike Tyson)의 유명한 어록입니다. 이런 타이슨에게 '핵이빨'이라는 불명예와 함께 패배를 안겨준 홀리필드가 있습니다. 홀리필드는 라이트 헤비급부터 체중을 올려오면서 부족한 파워를 집요하고 끈질긴 아웃복싱으로 채워가면서 결국 타이슨의 이성을 잃게 만들었습니다. 이처럼 세상에 절대강자는 없습니다. 앞서 살펴본 개인 투자자들도 자신의 장점을 최대한 살린다면, 외국인과 기관 등 공포의 적을 이길 수 있습니다.

개미 투자자가 수익이 나지 못하는 이유는 다음과 같습니다.

첫째, 남의 말에 자주 현혹됩니다.

본인의 지식과 정보, 실력이 없으니 신념과 주관이 없어 그럴듯한 남의 말이나 근거 없는 루머, 한 발 늦은 신문기사 등을 믿고 따르는 경우가 많습니다.

둘째, 가격이 싼 주식을 선호합니다.

기업 가치에 비해 주식이 저평가되어 싸게 주식을 매입했다면 옳은 결정이지만, 이런 분석 없이 단지 가격이 싸다는 이유로 선택하는 것은 옳지 않습니다. 실적이 나쁜 저가주를 가지고 있다가 상장폐지라는 결말을 맞아 휴지 조각이 되는 경우도 있습니다.

셋째, 기준이 없습니다.

주식은 시세차익으로 수익을 냅니다. 본인이 산 주식이 조금 오르면 매도해 이익을 챙겼다가 계속 오르면 못 참고 제일 고점인 상투에서 사고 맙니다. 물론 살 때는 더 오를 줄 알았으므로 상투라는 생각을 안 했겠지요. 반대로 약세장에서는 싸 보인다는 이유로 샀다가 더 떨어지면 본전 생각에 팔지 못하고 계속 보유하다가 더 큰 손해를 입는 경우가 많습니다.

🖊 Point | 자신만의 투자 원칙이 필수!

주식 투자에 성공한 사람들이 가장 강조하는 것이 바로 자신만의 투자 원칙입니다. 투자 원칙이 없으면 기준이 없으니 좋은 종목을 찾아내기 힘들고, 주위의 사소한 뉴스나 루머에도 쉽게 흔들립니다. 그럼에도 불구하고 개인 투자자 중에는 투자 원칙 없이 주식 투자를 하는 사람이 너무도 많습니다. 따라서 본인의 투자 원칙을 세우고 주가를 공부하며 실력을 키워야 합니다. 기업에 대한 아무런 정보나 분석 없이 살아남기를 기대한다면 그것은 타짜 앞에 놓인 초짜 격입니다. 처음 몇 번은 요행으로 수익을 낼 수 있을지 모르지만 그 수익이 지속되긴 힘듭니다.

073

당신이 주식 투자를 하는
이유가 뭔가요?

A 주식 투자는 누구에게나 열려 있는 투자 시장이지만, 체계적인 투자 계획 없이 질투심에 동참한다는 생각은 상당히 위험해 보입니다. 앞서 거듭 얘기했지만, 투자 원칙이 없으면 주식 세계에서 성공하기 힘듭니다.

그럼에도 불구하고 실제 우리 주변에는 주식으로 돈을 번 남의 이야기만 듣고 주식 투자에 뛰어드는 사람들이 많습니다. 왜 그럴까요? 심리학에서는 이런 현상을 '포모증후군'과 연계해 설명합니다. 포모증후군이란, 흐름을 놓치거나 소외되는 것에 대한 불안한 증상을 말하는 것으로, 무리에서 벗어나 혼자 외톨이가 될 때 느끼는 두려움과 같습니다. 또한, 사람은 남과 비교하려는 본성 때문에 남의 성공을 보면 질투가 나고 남이 잘되는 것을 보면 속상

하고 스트레스를 받습니다. 이런 모든 게 주식 투자에서도 복합적으로 작용합니다.

학창시절, 같은 반 친구가 서울대에 합격했다면, 서울대를 가지 못한 자신이 한심해 보였나요? 아니면 나는 하지못한 그 친구의 노력이 대단해 보였나요? 자신을 자책할 필요는 없지만, 성공한 자들의 노력을 요행으로 폄하해서는 안됩니다.

> 🖊 **Point** |
> 대한민국 헌법 제1조 1항은 '대한민국은 민주공화국이다'입니다. 개인 투자자 주식 제1조 1항은 '주식 투자는 여윳돈으로 해야 한다'입니다.

074

Q 저는 1,000만 원 투자해서 5% 수익을 올렸는데, 선배는 10배나 벌었답니다. 저도 목표 수익률을 높여 주식 투자를 해보면 어떨까요?

A 예금 금리가 1%인 현실에서 주식 수익률 5%면 좋은 수치입니다. 투자자들은 본인의 페이스를 잘 유지하다가도 주변의 소식에 페이스가 오버되는 경우가 많습니다. 질문자의 경우처럼, 상대적으로 10배나 오른 선배에 비해 5%는 한없이 초라하게 느껴지는 수치일 것입니다. 하지만 우리는 이성적인 투자를 해야 합니다. 기업 가치를 고려하지 않고 높은 수익률을 꿈꾸는 것은 도박일 뿐입니다. 예를 들어 '20% 오르면 팔고 나와야지' 하면서도 막상 20%가 되면, '아니야 30% 정도는 돼야 내 목표수익률이지…' 차츰 잣대를 늘려갑니다. 주식 격언에 "산이 높으면 골이 깊다"는 말이 있듯, 수익률을 높이 잡은 만큼 재투자도 공격적으로 해야 하니 손실률이 더 커질 수 있습니다.

생각해보세요. 택시비 1만 원은 아까워 버스와 지하철을 갈아타는 수고를 마다하지 않는 사람들이 주식 투자로 번 1만 원은 수익도 아니라고 하니 아이러니하죠. 이런 아이러니를 극복하기 위해 실생활의 습관을 주식 투자에도 적용해보셨으면 합니다. 시냇물이 모여 강물이 되듯, 작은 투자 경험을 많이 해보셨으면 합니다. 작은 수익률을 많이 경험해봐야 주식을 보는 시각이 넓어집니다. 따라서 누가 몇 배 벌었네 하는 가십성 소문에 흔들리지 마시고, 본인의 원칙대로 투자하시기 바랍니다.

075

주식은 왜 내가 사면 떨어지고, 내가 팔면 오를까요?

A 주식 투자를 하면서 사면 내리고 팔면 오르는 경험을 겪어보지 않은 사람은 거의 없습니다. 처음 몇 번은 사람이 주가의 저점과 고점을 정확히 알 수 없기에 그럴 수 있으리라 스스로를 위안해보지요. 그럼에도 주식 매매를 할 때마다 번번이 사면 내리고 팔면 오르는 악순환에 빠지게 되면 스스로를 자책하며 심한 패배감에 빠지게 됩니다.

그렇다면 왜 주식은 사면 내리고 팔면 오를까요?

첫째, 시세의 고점 파악에 대한 판단이 서툴러서입니다. 대개는 상승하는 종목들을 쳐다만 보면서 망설이다 자꾸 더 올라가니 결국 매수 주문을 내게 됩니다. 이런 경우 망설이는 동안에 이미 시세는 고점까지 올라가서 덜컥 주문을 내는 순간에 매수 체결이 됩니다. 이 후 이미 오른 시세차익을 실현하려는 매도 물량으로 가격은 하락하는 것입니다.

둘째, 시세의 저점 파악에 대한 판단의 오류입니다. 관심 가진 종목이 이쯤이면 바닥이지 싶어서 매수합니다. 그러나 완전한 저점은 좀 더 기다려야 하는 경우, 추가적으로 하락하게 됩니다. 그러나 조금 더 하락한 후, 결국 반등하는 경우에는 다행이지만, 지속적으로 저점을 갱신하면서 하락하는 경우에는 견디다 못해 결국 손절매를 합니다. 하지만 보통 이쯤 되면 해당 종목의 시세 흐름은 조정을 거치고 시세의 바닥권에서 한참 횡보하다 반등하는 채비를 갖추게 됩니다.

결국 적정 시세 파악이 관건입니다.

사면 내리고, 팔면 오르는 쓸쓸함을 당하지 않기 위해서는 시세를 잘 파악하는 안목이 중요합니다. 시세를 파악하는 안목은 하루아침에 생기는 게 아닌, 제대로 된 매매를 하는 요령을 익히려는 노력이 있어야 합니다. 주식 시장에서 수익을 내는 투자가들 역시 초기에는 사면 내리고 팔면 오르는 시행착오를 겪습니다. 그런 와중에 나름대로 꽤 큰 수업료도 지불하지만, 그런 경험을 교훈으로 수익을 꾸준하게 늘리는 본인만의 매매패턴을 정착시키는 것입니다.

더불어, 주식 투자는 심리상태가 매우 중요합니다. 급한 마음에

'빨리 원금 회복을 해야지' 하는 압박감에 시달리면 더욱 무리한 매매로 연결됩니다. 심리적으로 쫓기니 제대로 시세 파악도 안 된 상태에서 매매에 임하는 경우가 많아 더욱 좋지 않은 결과로 연결되는 것입니다. 따라서 숱한 정보나 투자 의견 혹은 종목 추천 정보를 검증하는 단계가 필요합니다. 정보의 가치를 제대로 파악하기 위해서는 일정 시간을 두고 그 정확성의 정도를 파악하는 노력 역시 요구됩니다.

우리는 주식 시장에 너무 환상적인 기대를 갖는 것도 좋지 않고, 그렇다고 주식 시장은 늘 피해를 주는 곳이라는 피해의식을 갖는 것도 바람직하지 못합니다. 주식은 시세 변동이라는 위험을 원천적으로 안고 한다는 인식을 제대로 하고, 이에 필요한 위험관리 및 위기관리 능력을 기르면 어느 순간부터 시세의 등락을 여유롭게 즐길 수 있는 투자자가 될 것입니다.

> **✏️ Point | 매매를 복기하는 습관을 기르자**
>
> 바둑의 프로 기사들은 대국을 마치면 반드시 복기(復碁)합니다. 주식을 매매할 때, 수익은 행운, 손실은 불행으로 생각하고 지나간다면 앞으로의 매매 역시 다를 바 없어지게 됩니다. 손실은 같은 실수를 반복하지 않도록, 수익은 최대한의 장점으로 살려서 곧 이어질 다음 매매를 준비해보세요.

076

단타와 장타,
뭐가 좋을까요?

A 투자 기간에 상관없이, 주식에 투자하는 데 가장 중요한
것은 수익과 안정성이겠죠. 주식은 팔아서 확정수익으로
만들지 않는다면 그것은 수익이라고 볼 수 없으므로, 매도와 매수
타이밍을 잘 잡아야 합니다. 그런 의미에서 둘 중 어떤 투자 방법
이 더 낫다는 토론은 큰 의미가 없습니다. 추구하는 방식이 다른
만큼, 자신에게 맞는 투자 방법을 개발해서 따르는 게 좋습니다.

우선 단기 투자는 단기적으로 매수해서 가까운 시일 내에 매도
해 수익을 얻는 구조입니다. 빠른 시일 내에 수익금이 생길 수 있
는 장점이 있지만, 반대로 주가가 하락했다면 손해를 볼 수 있는
위험도 존재합니다. 장기 투자는 오랜 시간 우량주에 투자해서 기
업의 가치가 올라갈 때까지 기다린 후, 매도하는 방식입니다. 매매

횟수가 적으므로 단기 투자에 비해 수수료가 적게 들고 심리 싸움에 잘 말려들지 않는 장점이 있습니다. 다만 오래 보유한다고 해서 모든 주식이 오르는 것은 아니므로, 저평가된 가치주를 발굴하는 노력이 필요합니다.

주식 투자하고
일에 집중이 안 됩니다

 직장 업무를 하다 몰래 컴퓨터로 HTS를 보거나 스마트
폰으로 MTS를 보는 경우가 많습니다. 보통 단기 투자자
들이 이런 경우가 많은데, 초단위로 변하는 주가를 살피며 매수,
매도 타이밍을 고심하는 것이죠. 그런데 만약 중요한 회의가 생기
거나 상사의 호출이 발생하면 호가 창을 보던 것을 멈추고 업무를
진행해야 합니다. 과연 업무에 집중할 수 있을까요? 업무가 끝난
뒤 다시 호가 창을 보니 팔기 전에 하락했거나, 사기 전에 상승해
버린 경우 기회를 놓친 것 같아 더욱 아쉬움이 몰려들 것입니다.

월급에 준하는 금액이 몇 분 만에 움직이는 게 눈에 보이면 온 신
경은 주가 창에 쏠릴 수밖에 없습니다. 그러니 이런 정신으로 업무
에 집중한다는 것은 어불성설이지요. 큰돈을 벌면 다행이지만, 결

국 투자는 투자대로 실패하고 회사 업무도 잘 하지 못하는 불상사가 반복되게 됩니다. 따라서 이런 경우 단기 투자보다는 중장기 투자를 권하고 싶습니다. 중장기 투자는 평균 3개월 이상의 투자 기간을 설정하기 때문에, 매일 마음을 졸이는 단기 투자보다 심리적인 여유가 생겨 업무에 집중할 수 있습니다.

078

전업 투자자로
전향하고 싶어요

A 살고 있는 집값이 올랐다고 부동산 투자로 전향하는 사람은 매우 드문데, 주식은 너무 쉽게 생각하는 경향이 있습니다.

주식에 관심을 갖고 꾸준히 공부하며 주식 투자를 한 여러분이 매년 꾸준히 수익을 냈다고 생각해봅시다. 매월 월급의 일부를 주식 계좌에 넣어 투자 원금을 늘려나갔고, 수익과 배당금은 고스란히 재투자했습니다. 주식 계좌를 개설할 때 입금한 돈이 100만 원이었는데 인내심을 가지고 노력한 결과, 투자금이 1억 원으로 불어났습니다. 이러면 여러분 마음속은 어떨까요? 직장을 그만두고 전업 투자자의 길을 가고 싶은 마음이 뭉게뭉게 피어납니다. 1억 원의 월 3% 수익만 내도 300만 원이고, 투자금이 2억 원이면 600

만 원입니다. 이 정도면 상사 눈치 볼 것도 없고, 정 안 가는 동료와 마주칠 필요도 없이 집에서 얼마든지 직장 월급을 벌 수 있다고 생각합니다.

하지만 과연 직장 그만두고 전업 투자자로 나서 성공할 수 있을까요? 일부 성공한 전업 투자자도 있지만, 다수의 전업 투자자의 결과는 좋지 못한 것이 사실입니다. 원인은 여러 가지가 있겠지만, 직장에서 일하는 것보다 쉽게 돈을 벌 수 있다는 생각으로 주식 투자를 시작했기 때문입니다. 여러분이 100만 원에서 시작해 1억 원까지 투자금을 늘려간 상태니 충분히 주식 투자 연습이 돼 있고, 자칭 고수(?)의 반열에 올랐다고 의기양양할 수도 있습니다. 하지만 아무리 고수라도 주가 하락에 평정심을 유지하지 못한다면 투자 수익은 오래 가지 못합니다. 투자금이 100만 원일 때는 투자한 종목이 상한가나 하한가에 가면 30만 원이라는 돈이 생기거나 없어집니다. 수익이 나면 기분은 좋지만 들뜨진 않을 금액이며, 손실이 나면 씁쓸하기는 해도 크게 심호흡 한 번 하면 잊을 수 있는 돈입니다.

하지만 투자금이 1억 원이라면 수익률이 10%만 움직여도 1,000만 원이라는 돈이 왔다갔다합니다. 상한가나 하한가를 맞는다면 3,000만 원이 왔다갔다합니다. 신입사원 연봉에 해당하는 금액이 하루 사이에 오가니 어떻게 평정심을 유지할 수 있을까요? 평정심을 잃으면 초조한 마음에 무리수를 두게 되고, 결과는 더 처참하게 되는 경우가 많습니다.

한두 번의 우연으로 투자 수익을 낼 순 있지만, 우연의 연속을 믿고 직장을 내팽긴 채 전업 투자자의 길로 간다는 생각은 매우 위험합니다. 투자가 직업이 된다는 것은 그 만큼의 전문성이 따라야 가능합니다. 개인택시를 하려고 해도, 영업용 차량을 이용해 운전경력 4년간 3년 이상 무사고 요건을 충족해야 가능합니다.

당신은 주식 시장에서 4년간 3년 이상 수익이 발생하셨나요?

A 주식 투자에서 10번의 수익이 났더라도 큰 한 번의 손실로 이제까지 벌은 수익은 물론 원금까지 잃을 수 있습니다. 이를 대비하기 위해서 주식 계좌 관리는 필수입니다.

첫째, 투자 원금을 모두 매수에 쓰지 말고 일정 금액은 꼭 현금으로 남겨두는 습관을 들여야 합니다. 계좌에 현금이 하나도 없으면 좋은 종목이나 타이밍을 만났을 때 매수를 할 수 없습니다. 이런 경우 욕심을 내서 돈을 빌려 투자하게 되면 자신이 생각했던 투자 원금을 넘어서기 때문에 투자 원칙이 흔들릴 수 있습니다.

둘째, 투자 비중을 미리 설정하고 지켜야 합니다. 투자자 중에는 한 종목에 투자금의 비중이 큰 경우를 볼 수 있습니다. 주가의 등락에 심리적인 흔들림으로 추격 매수를 통해 50%, 70%, 100%까지 비중을 늘리는 경우가 있습니다. 한 번 제대로 올라주길 바라는 마음에 추격매수를 했지만, 그 한 번이 다시는 복구하지 못할 크나큰 피해로 남을 가능성이 큽니다. 따라서 계좌 원칙을 세우고 그 테두리 안에서 세운 투자 비중을 지키셔야 합니다.

셋째, 수익이 생기면 계좌에 쌓아놓지 말고 다른 통장에 이체하세요. 자신의 초기 투자 원금은 꼭 기억하고 일정 기간은 원금만 운용하는 것이 좋습니다. 수익까지 투자 원금에 합쳐지면 점점 더 무리한 투자로 이어질 수 있기 때문이다. 수익 관리를 잘 해야 원금 보전이 잘 되고 투자도 계속 신중하게 유지할 수 있습니다.

Part
09

ㅣ
주식의
다양한
투자 방법

공시를 활용한 투자법

A 주식 시장에서 공시란, 상장기업의 중요 경영 활동들을 이해관계자(주주, 채권자, 투자자 등)에게 공개적으로 알리는 제도입니다. 우리나라의 전자공시시스템 DART(다트, Data Analysis, Retrieval and Transfer System)는 상장법인 등이 공시서류를 인터넷으로 제출하고, 투자자 등 이용자는 제출 즉시 인터넷을 통해 조회할 수 있도록 하는 종합적 기업공시 시스템입니다. 전자공시는 많은 사람들에게 기입의 중요 경영 활동을 알림으로써, 공정한 주식 거래와 더불어 주가의 적정가역을 형성하기 위한 목적이 있습니다.

DART를 활용한 투자법

전자공시시스템(DART)를 활용해 개별기업들이 공시를 검색해보 겠습니다. 먼저 여러분이 관심을 갖는 기업을 검색하시면 됩니다.

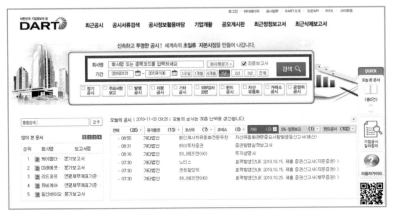

DART홈페이지에서 회사명을 검색해보세요.

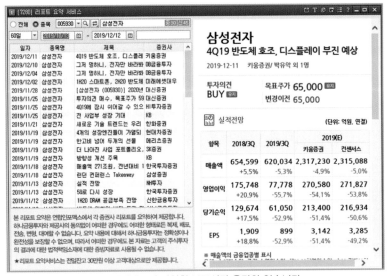

| 예시 | '삼성전자'기업을 검색해보니 다양한 보고서가 올라와 있습니다.

앞서 '기업의 재무제표 보는 법'을 배우셨죠. 바로 이 재무제표도 DART에 공시돼 있습니다. 전자공시시스템에서 제공하는 재무제표로 기업의 가치를 분석해 투자를 판단하는 기준이 첫 번째라면, 두 번째는 기업의 분기(반기)보고서, 사업보고서의 조회로 기업 분석과 투자 판단을 할 수 있습니다. 상장기업은 정기적으로 사업현황과 재무제표 등이 포함된 보고서를 정해진 기간 내에 제출해야 하는 의무가 있습니다.

| 예시 | DART에서 기업의 분·반기보고서, 사업보고서를 볼 수 있습니다.

'분기보고서'는 그 사업연도 개시 일부터 3개월째 되는 날에 가결산을 해 재무상태와 3개월 동안의 경영성과를 요약한 서류이고, '반기보고서'는 사업연도 개시일로부터 6개월째 되는 날의 경영성과를, '사업보고서'는 1년간 경영성과를 요약한 서류입니다. 제출기한은 결산기 말일로부터 분/반기보고서는 45일 내, 사업보고서는 90일 내입니다. 즉, 12월 말 결산법인의 경우 사업보고서는 매년 3월 31일, 1/4 분기보고서는 5월 15일, 반기보고서는 8월 14일, 3/4 분기보고서는 11월 15일까지 공시해야 합니다. 이와 같은 분·반기보고서와 회계연도의 사업보고서는 투자자에게 중요한 공시자료가 됩니다.

수익은 준비한 자에게 온다

이렇게 마우스 클릭 한 번으로 기업의 사업현황과 가치를 알 수 있습니다. 하지만 투자자 중에는 DART 한 번 보지 않은 채, '어느 주식이 좋다더라'라는 소문에 주식을 매수하는 '묻지마 투자'의 모습을 보이는 경우도 많습니다. 현명한 투자자라면, '그 기업이 영업실적을 잘 내고 있는지, 사업 현황은 어떤지' 정도는 알고 투자하는 자세를 보이지 않을까요? 그러므로 여러분도 소문에 휩쓸리지 마시고, DART를 참고해 회사의 기본가치에 관해 공부부터 해보세요. 그래야 흔들림 없이 투자에 임할 수 있어 이기는 투자를 할 수 있습니다.

🖊 Point |

삼성전자와 같은 시가총액 상위 종목군은 매년 일정한 시기에 실적을 발표하지만, 중소형주들은 상황에 따라 발표일이 기한 내 유동적으로 변합니다. 혹시 학창시절 부모님에게 좋은 성적은 빨리 보여주고 싶고, 나쁜 성적은 감추고 싶었던 기억이 있으신가요? 기업도 마찬가지로 호실적은 빨리 발표하고, 악화된 실적은 최대한 늦게 발표하는 사례가 많습니다. 전년보다 빠르게 호실적을 발표하는 기업을 눈여겨보고, 분·반기 기준 45일이 경과됐음에도 실적을 발표하지 않는 기업은 조심하세요.

081
꿩 먹고 알 먹는
배당 투자 방법

A 주식은 시세차익과 배당 투자 등 여러 가지 방법으로 수익을 실현할 수 있습니다. 어느 방식을 선택하느냐는 개인의 가치관과 성향에 따라 다르겠지요. 돈을 벌고 싶다면 반대로 잃을 수도 있다는 위험 역시 감수해야 합니다. 하지만 마음은 돈을 잃기는 싫고 벌고만 싶어 합니다. 그렇다면 주식 시장에서 잃지 않고 꾸준히 수익을 내려면 어떻게 해야 할까요? 바로 배당 투자에 주목하는 것입니다.

모든 상장 기업은 적자가 나지 않는 한 기업의 주인인 주주들에게 이익을 나눠주는 배당 의무가 있습니다. 이것이 시장을 탄탄하게 만드는 하나의 바탕이죠. 예전에는 배당 투자가 연말에 약간의 돈을 나눠주는 의례적인 행사 정도로 생각됐는데, 일정 시점부터

는 투자 지표로 자리 잡게 됐습니다. 그 이유는 첫째, 우리 경제와 기업의 성장성이 둔화했기 때문입니다. 기업의 매출이 늘고 이익이 많이 늘어나는 시기에는 주가 상승률이 배당보다 월등히 높아 배당의 중요성이 상대적으로 약해집니다. 하지만 성장성이 둔화될 때는 주가 상승률이 높지 않아 배당의 중요성이 더욱 부각됩니다.

둘째, 금리가 낮아진 것도 배당 투자가 활성화한 요인입니다. 현재 시중은행의 예금금리는 1%대로 저금리가 지속되고 있습니다. 이에 안정되면서 시중은행 예금금리보다 높은 수익을 얻을 수 있는 배당 투자에 관심이 모아지고 있습니다.

셋째, 배당 투자는 단지 배당 수익 자체만이 아닌 그 이상의 의미를 갖고 있습니다. 꾸준히 배당을 지급하는 기업은 장기적으로도 기업이 배당을 줄 수 있을 만큼 안정적으로 성장을 이어가고 있음을 나타내므로, 기업 가치 역시 지속적으로 증가하는 기업임을 말해줍니다.

Q 082

배당 투자 주식 선정하는 방법

A 배당 투자를 하려면 어떤 점을 고려해야 할까요? 저는 3 가지 조건을 말하고 싶습니다.

첫째, 기업의 올해 실적이 중요합니다.

양호한 실적이 뒷받침되지 않는 한 배당을 많이 줄 수 없으므로 올해의 기업 실적이 중요합니다. 올해 어떤 회사가 돈을 많이 벌었는지는 3분기까지 실적만으로도 판단이 가능합니다. 겨울 특수를 누리는 몇몇 회사를 제외하고 연간 이익이 3분기까지 이익과 차이가 많이 나는 경우가 흔치 않기 때문입니다. 실적은 금융감독원전자공시시스템(http://dart.fss.or.kr)에서 확인할 수 있습니다.

둘째, 과거 배당 수익률을 보세요.

똑같은 돈을 벌어도 기업에 따라 배당률이 달라집니다. 회사마다 일정한 배당 성향이 있기 때문인데, 과거에 많은 배당을 준 회사가 올해도 높은 배당을 지급할 가능성이 있습니다. 성장기에 있는 기업과 성장이 끝난 기업 사이에 배당률도 다릅니다. 성장이 마무리돼 대규모 투자가 필요 없는 기업은 한 해 동안 벌어들인 수익의 상당 부분을 배당으로 나눠주지만, 성장기 기업은 최소한의 배당에 그칩니다.

셋째, 업종을 주도하는 기업이 좋습니다.

배당 투자의 성패는 얼마나 배당 수익이 높은 종목에 투자했느냐와 연말에 배당금만큼 주가가 하락한 후 원래 가격을 얼마나 빨리 회복하느냐에 의해 결정됩니다. 시장 주도 기업의 주식은 가격을 회복하는 속도가 다른 주식보다 빠르므로 이를 중심으로 투자 종목을 구성하는 게 좋습니다.

✒ Point | 소득세를 따져보세요

배당 소득은 금융 소득입니다. 따라서 투자 시 금융 소득 종합과세 여부를 판단해야 합니다. 주식 차익에 대해서는 세금이 붙지 않지만 배당 소득은 세금이 붙기 때문입니다. 배당 소득과 이자 소득의 합이 연 2,000만 원 이하인 경우 15.4%(지방세 포함)의 분리과세가 적용되지만, 그 이상인 경우 종합소득세에 합산됩니다.

083

앞날을 보고 투자하는
성장주 투자 방법

A 사람의 성향이 다양하듯, 주식 투자 방법도 다양합니다. 원금보장을 중요시하는 투자자가 있는 반면, 원금 손실의 위험을 감수하고라도 높은 수익률에 기대를 거는 투자자도 있으니까요. 따라서 어느 투자 방법이 더 옳다고 단정할 순 없으니, 본인의 성향에 맞게 투자하는 게 가장 좋습니다.

성장주는 현재 기업의 실적이 적지만, 앞으로 크게 성장해서 수익이 크게 날 수 있는 주식을 말합니다. 성장주 투자의 핵심은 차세대 리더가 될 가능성이 높은 기업을 알아내는 것입니다. 예를 들면, 국내의 경우 반도체산업을 지배하기 전의 삼성전자를 찾아내거나, 해외의 경우 미국 커피 업계를 정복하기 전의 스타벅스를 골라내는 것입니다. 현재 코스피·코스닥 시장에서 대표적인 성장주는 바이오주, 전기차, 수소차 등의 분야로 아직 대중적으로 실용화되진 않았지만 가까운 미래에 크게 성장할 산업군이 여기 속합니다. 2000년 초까지 광풍을 일으켰던 IT버블도 너무 빨랐을 뿐, 현재 우리는 IT시대에 살고 있습니다. 성장주는 가치주에 비해 현재 창출하는 이익이 적어 EPS(주당순이익)는 낮지만, 수익 규모와 비교할 때 주가가 높아서 PER(주가수익비율)과 PBR(주가순자산비율)은 높은 편입니다.

> **✎ Point | 성장주의 요건**
> ① 기업의 장래성이 높다.
> ② 경영자가 유능하며 업계에서 차지하는 비중이 커서 일시적인 불황에도 흔들리지 않는다.
> ③ 매출액과 이익금이 높은 수준으로 증가하고 설비 투자를 적극적으로 한다.
> ④ 발행 주식수가 너무 많지 않다 등

투자자들이 성장주에 열광하는 이유는 미래의 꿈을 사는 것이 주식 투자의 본질이기 때문입니다. 지금은 별 볼 일 없더라도 미래에 기업 가치가 크게 상승한다면 이는 강력한 주가 상승의 원동력이 됩니다. 다만, 문제는 미래의 성장산업을 제대로 골라내기 힘들다는 점입니다. 이런 의미에서 성장주 투자의 전설 **윌리엄 오닐**의 '**캔슬림(CANSLIM)**'전략을 구사해보는 것도 좋습니다. 캔슬림(CANSLIM)이란 각 특징의 첫 알파벳을 모은 것으로, 훌륭한 성장주에서 주가 상승 전에 나타나는 7가지 특징을 찾아내는 것입니다.

- **C – Current quarterly earnings : 현재 분기 순이익**

   : 분기 순이익이 크게 증가하고 있는 기업으로, 매수하려는 분기의 주당 순이익이 전년 동기에 비해 최소 25% 이상 큰 폭으로 증가

- **A – Annual earnings growth : 연간 순이익 성장률**

   : 최근 3년간의 연간 EPS(주당순이익, Earning Per Share)의 상승 곡선이 가파르게 상승

- **N – New product, service, management, or price high : 신제품, 신경영 또는 신고가**

   : 기업의 상품이나 서비스 등의 혁신적인 변화나 새로운 경영체계 구축 등을 호재로 52주 신고가에 근접하거나 경신하는 기업

- **S – Supply and demand : 수급**

   : 자사주 매입이나 사채 행사 전 매입 등으로 주식 유통물량이 감소하는 기업

- **L – Leader or laggard : 주도주 또는 소외주**

   : 단기간의 급등에 따른 부담이나, 높은 가격이라도 주도주를 매수

- **I – Institutional sponsorship : 기관 투자자의 참여**

  : 최근 좋은 수익률을 기록하고 있는 기관 투자자들이 매수하
    는 주식

- **M – Market direction : 시장의 방향**

  : 현 시장이 강세장인지, 약세장인지, 횡보장인지를 정확히 파악

이러한 각각의 특징은 서로 영향을 미치는 촉매제가 될 수 있고, 서로 합해질 때 커다란 주가 상승으로 이어질 수 있습니다. 더불어 CANSLIM에서 CANSLI까지 다 맞아도 M이 틀리면 90% 어긋난다고 할 정도로 시장의 방향이 매우 중요한 점 기억하세요.

Q 084
뿌린 만큼 거두는
가치주 투자 방법

A 가치주란, 주가 대비 기업의 내재가치가 높은 주식을 말
합니다. 가치주는 성장성은 높지 않지만, 꾸준한 실적을
바탕으로 부채 비율이 낮은 안정적인 종목입니다. 가치주 투자는
기업이 원래 가진 가치와 시장과의 가격 차이를 발견하고, 가격이
가치를 반영할 때까지 기다리는 장기 투자와도 일맥상통합니다.
가치주를 발굴하는 기준이 되는 주식의 가치는 기업의 수익성, 기
업의 현금흐름, 보유 자산 등 다양한 기준에 의해 다르게 됩니다.

가치 투자는 보통 ROE가 높고, PER과 PBR은 낮은 주식을 말합
니다. ROE(자기자본이익률)는 '순이익'을 '자기자본'으로 나눈 값
으로, 투입한 자본 대비 얼마큼의 이익을 냈는지 나타내는 지표입
니다. ROE가 높다는 건 그만큼 그 주가가 수익성이 높다는 뜻입

■ 가치주와 성장주의 차이점

	가치주	성장주
개념	시장 평균에 비해 ROE가 높고, PER 및 PBR이 낮은 주식(가치에 비해 저평가)	시장 평균에 비해 ROE가 낮고, PER 및 PBR이 높은 주식(성장 가능성이 높음)
특징	재투자보다는 배당을 높여가며 수익 추구 장기 보유에 따라 회전율 및 비용이 낮음	배당보다는 연구개발에 재투자해 미래 성장성 예측 종목 교체에 따라 회전율 및 비용이 높음
투자성향	고수익보다는 장기적으로 안정적인 수익을 얻을 수 있음	경기 상승기에 고수익을 낼 가능성이 있음
리스크 요인	적정가격 도달 시까지 보유 기간이 장기화될 수 있음	상승세 둔화 시 주가 하락속도가 빠름

니다. 만약 ROE가 10%인 종목이 있다면 해당 회사는 100만 원의 자기자본을 투자했을 때 10만 원의 순이익이 난다는 것입니다.

다음으로 PER은 특정 주식의 가격을 주당 이익(EPS)으로 나눈 값입니다. 주당 이익은 회사의 당기순이익을 발행 주식으로 나눈 값으로, 즉 이익에 비해 주식의 가격이 높으면 PER은 높아지게 되고 주식의 가격이 낮으면 PER은 낮아지게 됩니다. 회사가 벌어들이는 이익에 비해 낮은 가격으로 주가가 형성되어 있다면 본래의 가치보다 저평가되어있다고 보는 것입니다(반대로 성장주는 향후 기업이 성장할 것이라는 투자자의 기대심리가 주가에 반영되어 상대적으로 높은 주가가 형성되기 때문에 PER이 높아지게 됩니다).

마지막으로 PBR(주가순자산비율)은 회사가 가진 순자산에 비해 주가가 얼마로 측정되어 있는지 확인할 수 있는 지표입니다. PBR이 낮다는 것은 회사의 순자산이 많은 데 비해 주가가 아직 낮게 평가돼, 앞으로 주가가 가진 자산에 맞춰 오를 확률이 높다는 의미입니다.

다만, ROE가 높고 PER이나 PBR이 낮다고 무조건 주가가 오르는 것은 아닙니다. 이런 종목을 골랐다면 그때부터 추가적으로 그 기업을 꼼꼼하게 살펴볼 필요가 있습니다. 해당 기업이 하는 사업이 미래에 성장할 가능성이 있는지, 관련 규제로 인해 일시적으로 사업이 무산되진 않을지, 투자를 못 받을 위험은 있지 않은지를 살펴봐야 합니다. 또 최근 어떤 시점에 갑자기 오른 급등주는 잠깐 오른 것일 수도 있으니 피하는 것이 좋습니다.

알아야 할 것도 많고 따져봐야 할 것도 많아 머리가 아픈가요? 솔직히 누군가 '이 주식을 사라'고 콕 짚어 말해줬으면 좋겠지요? 하지만 앞서 누누이 말했듯, 본인의 판단이 결여된 주식 투자는 오래 가지 못합니다. 그 주식이 좋은지, 좋지 않은 주식인지 판단이 서지 않은 상태에서 감만 믿고 투자한다는 것은 매우 위험한 일이기 때문입니다. 설사 좋은 주식이었다 하더라도 사고파는 시기가 중요한데, 본인의 판단이 결여되어 있으면 어떻게 적절한 타이밍을 선택할 수 있겠습니까? 그러므로 스스로의 노력으로 가치주를 발굴하는 자세가 필요합니다. 실력이 바탕이 돼야 주식 투자를 오래할 수 있기 때문입니다.

085

시기 따라 달라지는 테마주 투자 방법

A 테마주란 특정한 주제에 의해 주가에 영향을 받는 종목을 말합니다. 테마주 중 가장 큰 군을 이루는 게 정치 테마주이며 그 외에도 질병·재난 테마주, 대북 관련 테마주 등 테마주의 종류가 많습니다.

테마주 유형은 다음과 같다.

• 봄철에 황사가 오기 전에 마스크, 공기청정기, 인공눈물 관련 회사의 주가가 상승합니다.

• 과거 사드와 같은 이유로 중국과의 관계가 안 좋아지면 화장품, 면세점, 여행 등 기업의 주가가 하락합니다.

• 한한령(중국내 한류 금지령) 해제, 한중 정상회담 등 중국과의 관계

가 좋아지면 화장품, 면세점, 여행 등 기업의 주가가 상승합니다.

- 정부의 지원정책에 따라 수소차와 전기차 등 정부 정책 수혜주들의 주가가 상승합니다.
- 조류 독감, 구제역, 돼지열병 등이 발생하는 경우 동물과 관련한 백신회사의 주가가 상승합니다.
- 신약과 관련해 임상실험 통과, FDA 승인, 정식 시판허가 등을 받는다면, 제약·바이오 업체들의 주가가 상승합니다.
- 북한과의 사이가 안 좋아지면 방위산업 관련 주가가 상승합니다.
- 북한과의 사이가 좋아지면 철도와 전력, 건설, 자원개발 등 인프라 관련한 중소형 주가가 상승합니다.
- 메르스, 코로나 등 바이러스 질병이 유행할 시, 마스크와 손세정제, 진단키트 등의 관련주들의 주가가 상승합니다.

새로운 사건이나 현상이 발생하면 사람들의 관심이 갑자기 그쪽으로 집중되는 경향이 있습니다. 주식 시장에서도 증권시장에 영향을 주는 큰 이슈가 생기면서 투자자들의 관심이 특정 재료에 집중해 그 재료와 관련된 종목이 관심주가 되어 상승세를 타게 됩니다. 단, 테마주는 이슈의 정점에서 주가가 최고점에 이른 뒤, 급등 이전의 원래 자리로 되돌아오는 경우가 많으니 투자 시기를 잘 가늠해야 합니다.

086

근거 없는 테마주를
선별하는 법

A 선거철이 다가오거나 특정 정치인이 주목받을 때면 유력 후보별로 정치 테마주가 기승을 부립니다. 다만, 정치 테마주 투자는 근거 없는 소문에 휩쓸리는 경우도 많으므로 정확한 판단 없이 분위기에만 휩쓸린 투자는 지양하는 것이 좋습니다.

한 예로, 과거 1980년대 노태우 전 대통령 시절, 정치 테마주로 각광받았던 '만리장성 4인방(대한알루미늄·태화·삼립식품·한독약품)'이 연일 들썩였는데 그 이유가 황당무계했습니다. 당시는 중국·러시아 등에 대해 적극적인 북방 외교정책을 추진하던 시절이었습니다. 1987년 말 '중국 정부가 만리장성에 바람막이를 설치하기로 했는데 여기에 쓰이는 알루미늄 섀시를 전량 납품한다'는 소문이 돌자 대한알루미늄이 급등했습니다. 이어 '이 공사에 동원되는 인부들이 신을 신발을 전량 납품하게 됐다'는 루머로 검정고무

신을 만들던 태화가 급등했고요. 또한 '인부들의 간식으로 쓸 호빵을 공급하게 됐다'라는 루머로 삼립식품이 만리장성 테마에 등장했고, '인부들이 호빵을 먹다 체할 때 먹는 소화제를 공급한다'라는 재료로 한독약품이 대미를 장식했습니다. 그야말로 황당무계한 소문만으로 폭등한 '만리장성 4인방' 중 대한알루미늄(2001년)과 태화(1999년)는 결국 상장폐지 수순을 밟았습니다.

테마주들은 실적이 담보되지 않은 경우가 많아서, 테마가 뜰 때 무섭게 폭등했다가 무섭게 제자리로 돌아오는 경향이 많습니다. 저점부터 매수했다면 피해가 없겠지만, 일반 투자자는 오르고 나서야 사는 경향이 많으므로 높은 가격에 샀다가 낭패 보는 경우가 많습니다.

 Point |

테마는 본인 스스로가 뉴스 및 재료를 해석해서는 안 되며, 철저하게 시장의 흐름에 맡겨야 합니다. 정석적인 매매와는 다르게, 외국인과 기관의 보유비중이 낮은 주식이나 시가총액 작은 기업들의 상승탄력이 강합니다.

087

통계적 지표가 기반이 되는 퀀트 투자 방법

A 개인 투자자는 주변 지인이나 방송, 인터넷에 나오는 전문가의 추천, 빅뉴스 등에 따라 투자하는 경우가 많습니다. 짜릿한 대박을 원하지만, 현실은 매매 타이밍조차 잡지 못해 손해 보는 개인 투자자가 흔합니다. 이런 이유로, 스스로 기업을 분석해 저평가된 주식을 사는 가치 투자가 각광받고 있지만, 개인에게 진입장벽이 높은 것이 사실입니다. 개인 투자자가 기업 분석을 하기엔 지식이 부족하고, 기업 탐방 등을 하기엔 시간이 부족합니다. 장기적인 가치 투자가 분명 좋지만, 개인 투자자가 도전하기에는 벽이 높습니다.

이런 현실에서 나온 전략이 바로 '퀀트 투자'입니다. 퀀트 투자는 통계적으로 확인된 정량적 지표에 따라 기계적으로 투자하는 방법입니다. 예를 들어 저 PER, 저 PBR 주식을 골라 20종목을 사기로 정하고 3개월간 보유하기로 결정했다면 3개월마다 사고파는 투자 전략입니다. 매일 주식 시장을 확인하면서 사고파는 매매가 아닌 자신만의 정해진 원칙 안에서 감정을 배제한 채 기계적인 매매를 하면 시장 평균 수익률 이상을 얻을 수 있다는 전략이 퀀트 투자입니다. '숫자'로 대표되는 퀀트 투자는 무형의 기업 분석을 전혀 하지 않습니다. 무형의 분석은 기업의 비즈니스 모델, 복지, 문화 사업성, 미래전망 등이 있는데, 이런 건 전혀 고려하지 않고 철저히 숫자로 표시되는 기업의 내용만을 분석하고 판단하는 방법입니다.

- **퀀트 투자 장점** : 정해진 틀 안에서 매매하다 보니 감정에 휘둘리지 않고 투자할 수 있습니다.
- **퀀트 투자 단점** : 주가 등락과 수익률 부침을 견디며 오랫동안 투자하기가 심리적으로 쉽지 않습니다.

퀀트 투자에서 성공하기 위해서는 재무제표 등을 토대로 종목을 골라 포트폴리오를 구성한 뒤, 모의 투자를 통해 수익률을 점검해보는 과정이 필요합니다. 일정 기간을 정해놓고 포트폴리오 구성 원칙대로 교체매매하면서 수익률을 점검하면서 자신만의 퀀트 기준을 확립해야 합니다.

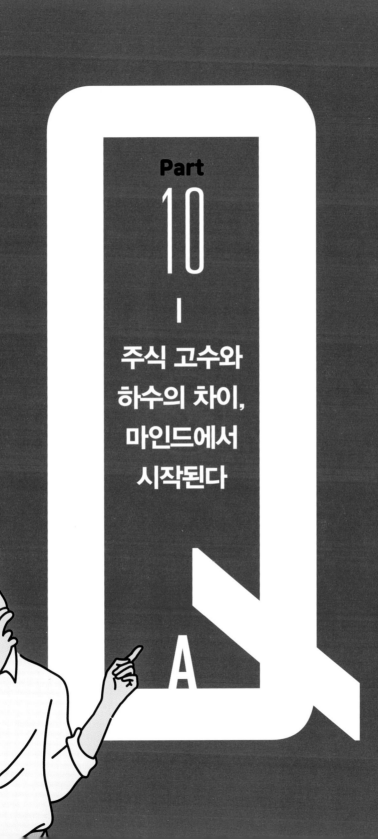

Part

10

|

주식 고수와
하수의 차이,
마인드에서
시작된다

초심자의 행운을
경계하자

A 초심자의 행운은 투자 세계에서 경계해야 할 덕목임에도 많은 분들이 간과하고 있는 부분이기도 합니다. 독자분들 중에 '초심자의 행운'을 모르는 분들을 위해 설명해드리겠습니다.

생전 처음 주식을 사본 나초보가 있습니다. 떨리는 마음으로 첫 매수를 하고 나니 글쎄 일주일 만에 무려 30%가 오른 겁니다. 너무나 신난 나초보, 한편으로 이제껏 이런 세상을 모르고 살았다는 것에 대한 후회가 밀려옵니다.

'1,000만 원 투자로 일주일 만에 300만 원을 벌다니…. 나는 투자에 천부적인 감각을 가지고 있었나 봐.'

이제껏 상사 눈치 보면서 힘들게 일한 직장 생활이 의미 없이 느껴지는 순간입니다. 이어 다음 주식에서도 수익을 맛본 나초보는 점점 자신의 능력을 과대평가하기 시작합니다.

'투자도 별것 아니구나, 이렇게 쉽게 돈을 벌 수 있다니. 이참에 전업 투자자로 나서야겠어. 소심하게 1,000만 원 투자할 게 아니라 가진 거 다 주식에 투자해야지. 난 그만 한 능력이 되는 것 같아.'

자신의 능력을 과신한 나초보는 결국 직장도 그만둔 채 모든 돈을 주식에 투자하게 됩니다.

그런데 아뿔싸! 주식이 출렁대더니 뚝 떨어져버립니다. 그러면 '아, 내가 아직 그 정도 실력이 아니구나' 하고 깨달아야 했는데, 안타깝게도 초심자의 행운이 발목을 잡습니다.

'난 수익을 많이 낸 경험이 있어, 이번 투자도 잘될 거야.'

그 결과, 해서는 안 되는 선택을 하게 됩니다. 대출을 받아 주식에 더 많이 투자하게 되는 것입니다. 그런데 안타깝게도 주식은 계속 떨어지고 결국 하락 시세 화살표처럼 얼굴이 파랗게 질린 채 매도했습니다. 그런데 이게 웬일인가요, 그 후 주식이 다시 반등해서 처음 샀던 가격 언저리로 올라온 겁니다. 그걸 본 나초보는, '역시 내 생각이 맞았었네. 잠깐 실수를 했었군' 하며 다시 그 주식을 매수하게 됩니다. 그 후 해당 주식은 상장폐지를 겪으며 나초보는 허공에 모든 돈을 날려버렸습니다.

여러분도 초심자의 행운을 겪어본 일이 있을 것입니다. 당구를 처음 친 사람이 공이 잘 맞는다든지, 볼링을 처음 친 사람이 스트라이크를 계속 친다든지, 카드놀이를 처음 한 사람이 첫판에 승리하게 되는 경우 등 말이죠. 이처럼 처음 시작한 일에 우연히도 행운이 따라서 그 분야의 베테랑보다 더 잘하는 일이 종종 생기곤 합니다. 하지만 스스로는 알고 있습니다. 실력이 아니라 운이었음을요. 다만, 단순 놀이가 아닌 돈이 결부되면 운으로 치부하지 않는 경향이 많습니다. 실력으로 믿고 싶은 거죠.

우연히 투자한 주식이 상한가라도 한번 치게 되면 초심자는 단지 우연이었음을 인정하는 게 아닌, 자신의 능력으로 평가하는 자기 과신에 빠집니다. 자기 과신은 자신의 실력이나 능력을 과대평가해 이성적 판단과 합리적 결정을 가로막습니다.

브라질 출신 작가 파울로 코엘료는 '무언가를 찾아 나서는 도전은 언제나 초심자의 행운으로 시작되고 반드시 가혹한 시험으로 끝을 맺는다'라고 말했습니다. 초심자의 행운으로 시작한 많은 사람들은 나중에 자신의 행운만 믿다가 진짜 실력이 나오는 순간 실망하고 좌절하게 됩니다.

따라서 우리는 초심자의 행운을 경계해야 합니다. 앞선 나초보의 사례가 그저 한낱 이야기가 아닌 투자 세계에서 심심치 않게 벌어지고 있는 상황입니다. 실제 진정한 투자 고수는 실력이 뒷받침되면서 겸손하다는 공통점이 있습니다. 고수는 좋은 결과를 낸 것에 대해 실력이라고 하기보다는 운이 좋았다는 말로 대신하곤 합니다. 정작 초보자들이 운보다는 실력이라고 과신하는 경우가 많습니다. 지금 투자하고 있는 여러분은 실력이 바탕인지, 그저 몇 번의 운이었는지 냉정히 생각해보시기 바랍니다. 실력과 원칙이 받쳐주지 않는 수익은 결국 파도 한 방에 무너지는 모래성과 같습니다.

089

원칙을 지켜야
이긴다

A '싸게 사서 비싸게 판다'는 간단한 원칙을 이루기가 생각보다 어려운 곳이 주식 시장입니다. 사람마다 살아가는 방식이 다르듯, 주식 투자의 성공에도 정해진 공식은 없습니다. 주가는 기업의 사업보고서 및 재무제표 등의 내부지표, 금리·환율·경제성장률 등의 거시 경제지표, 대중의 심리, 주가를 왜곡하는 작전세력, 기업의 내부자 정보 등의 수많은 변수가 작용합니다. 이런 주식 시장에서 수익을 위한 특별한 비법을 찾는다면 원칙을 잘 지키는 것입니다. 워런 버핏은 주식 투자란, 똑똑한 사람의 전유물이 아니라고 강조했습니다. 아주 평범한 사람, 그리고 원칙을 잘 지키는 사람만이 주식 시장에서 성공할 수 있다고 말했지요.

주식 투자는 사업을 하는 것과 같습니다. 새로운 사업을 하려면 상권도 알아보고 경쟁업체 상황과 전망 등도 살펴야 하듯 주식도 마찬가지입니다. 하지만 주식을 살 때는 아무런 준비 없이 남들이 사는 주식을 따라 사거나 루머를 듣고 주식을 사는 경우가 많습니다. 즉, 싸게 산 줄 알았는데 가격이 더 떨어져서 비싸게 산 꼴이 됐거나, 비싸게 판 줄 알았는데 더 올라 상대적으로 싸게 판 것처럼 느껴지는 현상이 발생합니다. 이렇게 되면 심리도 무너져 합리적인 투자를 할 수 없습니다. 그래서 원칙을 정하고 그 안에서 지켜나가는 습관이 필요한 것입니다.

Q

090

고수①, 생선의 머리와 꼬리는 고양이에게 줘라

A 투자 원칙을 세우고 잘 지켜내면 수익이 보장될까요? 네, 그렇습니다. 합리적인 투자 원칙을 세웠다는 전제에서 잘 지켰다면 수익이 보장될 것으로 확신합니다. 그럼에도 불구하고 많은 분들이 주식 투자에서 손실을 본 까닭은 뭘까요? 그것은 바로 욕심 때문입니다. 투자 원칙을 세웠다 한들 욕심이 생기면 제대로 지켜나기 힘듭니다.

1. 생선의 머리와 꼬리는 고양이에게 줘라

혼자서 다 먹겠다는 욕심은 금물이란 뜻입니다. 비슷한 격언으로 '무릎에 사서 어깨에 팔아라'라는 말이 있습니다. 우리는 상승 추세로의 전환을 확인후 매수하고, 고점에서 팔겠다는 생각보다 적정수익을 취한 후 미련 없이 매도해야 합니다. 그럼에도 불구하고, 보유한 주식이 상당히 오른 것 같은데 더 오를 듯한 막연한 욕심에 팔지 못한 채 들고 있다가 하락했을 때에야 후회했던 기억이 한 번쯤은 있을 겁니다. 더불어, 상승의 초입임을 알고도 더 싼 가격을 봤기에 매수를 못 하는 것도 욕심입니다. 고점에서 꺾인 걸 아는데도 고점 가격이 머릿속을 맴돌아 결국 처분하지 못한 것 또한 욕심입니다.

2. 팔고 나서 올라도 슬퍼하지 마라

어깨라고 생각해서 팔았는데 한참 더 상승한다면, 대부분 잘 못 팔았다며 땅을 치며 후회합니다. 하지만 결코 잘못 판 게 아닙니다. 남의 수익이 크게 느껴져 내 수익을 손실 취급하는 행동입니다. 적은 수익에 만족할 줄 모른다면 언제나 수익은 저 멀리에 있을 겁니다. 그래서 과욕은 금물입니다.

3. 황소와 곰은 돈을 벌어도 돼지는 벌지 못한다

월가의 격언 중에 '황소와 곰은 돈을 벌지만, 돼지는 벌지 못한다'라는 말이 있습니다. 장세를 낙관적으로 보는 황소 같은 투자자는 활황 장세(bull market)에서 돈을 벌 수 있습니다. 그리고 장세를 비관적으로 보는 곰 같은 투자자도 대주거래(증권사에서 개인에게 주식을 빌려주는 것)나 선물옵션 등 파생상품을 이용해 하락 장세(bear market)에서 이익을 취할 수 있습니다. 하지만 돼지처럼 투기적인 거래를 통해 탐욕을 부리면 돈을 벌기 힘들다는 뜻입니다.

개인 투자자가 주식 투자로 이익을 얻기가 쉽지 않은 이유는 주식 투자의 난해함보다는 주로 욕심과 미련 때문입니다. 자신의 자금 사정에 맞춰 투자 규모를 정하거나 적절한 수준에서 이익을 취하지 않고 무모하게 투자 규모를 키우고 지나친 욕심을 부리다가 큰 낭패를 보는 것입니다. 특히 단기간에 대박을 노리겠다는 환상으로 작전성 종목에 빚을 내 무리하게 투자하는 경우, 순식간에 큰 손해를 보기도 하니 주의해야 합니다. 주식 투자를 하고 그 걱정으로 인해 잠을 쉽게 이루지 못한다면 틀림없이 뭔가 잘못됐을 가능성이 큽니다.

A 한 예로 5가지 종목에 분산 투자했다고 보죠. 어떤 종목은 수익이 크게 난 반면, 다른 종목은 손실이 나서 결과적으로 수익률이 미미합니다. 이럴 바에야 한 종목에 몰아 투자하면 훨씬 나을 것 같지 않나요?

한 종목에 몰아 투자하는 말을 빗대 일명 '몰빵'한다는 표현을 하죠. 몰아 투자하기의 가장 큰 매력은 아마도 단기간에 높은 수익률을 올릴 수 있다는 가능성입니다. 하지만 이를 위해서는 오를 만한 종목을 선택하는 데 탁월한 능력이 있어야 하고, 또한 주식 시장 전체가 상승세가 이어지는 등 주변 증시흐름도 잘 따라 주어야 합니다. 손실을 단숨에 회복시킬 수 있는 '모 아니면 도'라는 식의 투자는 매우 유혹적이지만, 없어도 되는 아주 적은 돈이 아닐 경우 모의 기쁨보다는 도의 아픔이 더욱 큽니다. 투자는 재테크지, 도박이 아닙니다. 따라서 주가에 대한 철저한 분석 없이 몰아 투자하는 것은 삼가는 게 좋습니다.

지수는 경기변동에 따라 장기적으로 움직이지만, 주가는 여러 가지 요인에 의해 단기적으로 쉼 없이 움직입니다. 부단히 변화하는 단기 시세 변동에 현혹되어 당장 의사결정을 하지 않으면 큰 손해를 볼 것 같은 착각에 빠지게 됩니다. 하지만 내일도 어김없이 주식 시장이 문을 열 듯, 수익 및 손해를 만회할 기회는 얼마든지 있습니다. 따라서 눈앞의 이익에 집착하지 말고 긴 안목에서 여유 있게 생각하는 게 좋습니다.

🎱 Point | 거래는 내일도 있다

주식은 주로 인생과 마라톤에 비교됩니다. 또한 이기거나 지는 것은 싸움을 하는 장수에게 늘 있는 일입니다. 그러므로 당장 눈앞에 현상에 집착해서 미래의 큰일을 그르치는 일이 없어야 합니다.

Q 092
하수①, 도미 사러 가서 정어리를 산다

A 상황1

도미가 먹고 싶다는 가족들의 말에 주부는 도미를 사러 시장에 갔습니다. 도미구이를 할까, 도미 매운탕을 할까…. 행복한 고민을 하며 시장에 도착한 주부는 생선가게 앞에서 옆집 주부를 만났습니다. 옆집 주부는 요즘 정어리가 물이 한창 좋을 때이고 자기 가족들이 정어리 찌개를 무척 먹고 싶어 한다는 수다를 떨며 정어리를 사는 것이었습니다. 마음이 흔들린 주부는 도미를 사려던 처음의 계획을 바꾸어 정어리를 사버렸습니다. 한창 물이 좋다니까 식구들이 맛있게 먹을 것이라고 생각하며 집에 오자마자 갖은 양념을 넣고 정어리 찌개를 끓여 내놓았습니다. 그러나 주부의 기대와 달리 식구들은 도미가 먹고 싶었는데 웬 정어리냐며 불평불만이 이만저만이 아니었습니다.

상황2

　김기대는 주식을 매입하기 전에 나름대로 종목 연구를 열심히 했습니다. 특히 A종목에 관심이 많은 김기대는 기업의 재무제표는 물론, 증권사에서 나온 투자 자료, 애널리스트의 리포트, 관련 사업의 업황분석 보고서 등을 연구하는 등 나름 철저하게 준비했습니다. 이렇게 며칠을 고생하고 노력해서 A종목에 대한 매입 결정을 했습니다(아직 매입 전입니다). 그 날 저녁, 오랜만에 동창 모임에 나간 김기대는 우연히 주식 얘길 하다가 동창인 나잘난이 B종목에 대한 아주 좋은 정보를 들었다며 B종목을 매입을 추천하는 것입니다. 워낙 자신 있게 말하는 나잘난을 보면서 김기대의 마음이 움직입니다. 다음 날, 김기대는 애초 염두에 두었던 A종목이 아니라 나잘난이 추천한 B종목을 매입했습니다. 하지만 예상과 다르게 B종목은 며칠간 지지부진 하더니 결국 큰 폭으로 하락했습니다.

　대부분 투자자들은 주식을 사기에 앞서 나름대로 충분히 분석합니다. 하지만 어떤 주식을 매수하려고 결심했다가도 시장의 루머를 듣고 마음을 바꿔 다른 종목을 사게 되는 경우가 많습니다. 사람들의 이야기를 많이 들어보는 것은 좋지만, 너무 맹목적이고 충동적이면 위험합니다. 시장에 떠돌아다니는 소문은 신빙성이 없는 경우가 허다한 데다 너무 신뢰할 경우, 작전세력의 희생양이 되는 경우가 종종 있기 때문입니다. 특히 필요 이상으로 주식의 장점만을 말할 때는 경계하는 것이 좋습니다.

　상황1, 2를 보면 타인의 말을 듣고 본인의 판단을 저버린 결과가 어떤지 여실히 보여줍니다. 타인이 결과까지 책임져주는 것은 아니므로 타인의 이야기는 참고로만 듣고 투자 결정은 스스로 내려야 합니다.

093

하수②, 맨 뒷사람이
개에게 물린다

A 투자는 심리전입니다. 즉, 상대방의 심리전에 말려들지 않아야 투자에 성공할 수 있습니다. 투자 심리 측면에서 증시 주변에 온통 호재가 만발하고 모든 투자자가 향후 장세를 낙관적으로 확신하면서 주식을 사지 못해 안달하고 들떠 있는 분위기를 경계해야 합니다. 개별 종목 측면에서는 주가가 급등한 후 거래량이 폭발적으로 늘어나거나 주가의 움직임이 그동안의 추세를 하향 이탈하는 경우에 경계심을 높일 필요가 있습니다.

주가가 연일 상승하면 경계심 없이 무모하게 마구 사고파는 경향이 있습니다. 이러다 보면 어느 순간 주가의 상투를 잡고 주식에 물려 있는 자신의 모습을 발견하게 될 것입니다. '맨 뒷사람이 개에 물린다'라는 격언처럼 막차를 탄다고 표현하는 개인 투자자들의 전형적인 모습입니다. 주식 투자는 한 번의 실패가 모든 것을 원점으로 돌려버릴 수 있다는 점을 명심하고 주식 시장의 침체국면뿐만 아니라 활황국면에서도 경계심을 늦추지 않도록 해야 합니다.

094

주변을 관찰하면
돈 되는 종목이 보인다

A 이것저것 따질 것 없이 생활에서 히트 치는 종목의 주식을 사면 어떨까요, 많이 팔리면 주가도 오르지 않을까요?

좋은 생각입니다. 굳이 전문지식이 없더라도 우리 주변에서 일어나는 크고 작은 일상의 변화를 잘 살피는 일만으로 투자 아이디어를 쉽게 얻을 수 있습니다. 히트 친 라면 덕분에 주가가 오른 라면회사, 겨울철 거의 모든 중·고등학생이 입고 다니던 다운점퍼로 수가가 크게 오른 세조사, 드라마로 히트 친 제작사, 세계적 스타가 된 가수의 소속사, 1,000만 명이 관객이 넘는 영화 투자사 등의 주가가 몇 배나 상승한 일은 잘 알려진 사실입니다.

주식 투자자의 눈은 편견 없이 현상을 바라보고, 귀는 대중의 목소리를 들어야 하며, 코는 좋은 주식의 향기를 맡을 줄 알아야 하며, 입은 무거워야 합니다.

 Point |

현대자동차(예시) 주식을 매수하기 위해 수천 만 원의 신차를 사서 이용해 볼 수는 없지만, 간접 체험할 수 있는 다양한 방법이 있습니다. 적은 금액을 지불하거나 발품을 팔아서 경험해볼 수 있는 제품들을 이용해보면서 기업의 투자 아이디어를 얻는 습관은 굉장히 좋습니다.

095

단기간 승부는
조급증을 부른다

A 주가를 보고 있노라면 마음이 편치 않은 분이 많습니다. 어떻게 해야 마음의 평정을 찾을 수 있을까요?

사놓은 주식이 내리고 있다면 불안해지면서 바로 손절매하고 싶고, 오르고 있다면 얼른 팔아서 이익을 실현하고 싶어집니다. 사고 싶었던 주식을 보고 있노라면, 내리면 내리는 대로 얼른 사고 싶고, 오른다 싶으면 더 오르기 전에 사야 더 많이 벌수 있다는 생각에 얼른 사고 싶습니다. 이런 조급증은 주식 투자자라면 누구나 한 번씩은 겪어본 심리입니다. 다만, 조급증을 극복하는 사람이 있는 반면, 이를 행동으로 옮겨 손해를 보는 사람도 많습니다. 주가 검증이 바탕이 안 된 상태에서 충동적으로 사고파는 행위를 자주 반복하는 거죠. 개별 주식 정보와 시황 및 공시내용은 철저히 검토하고 어떻게 영향이 미칠까 고민하지만, 정작 자신의 마음 상태와 마음가짐은 등한시하는 경우가 많습니다. 투자의 적은 외부에도 있지만, 자신의 마음속에도 있습니다. 조급증이 발동하면 컴퓨터나 스마트폰을 멀리하는 것도 하나의 좋은 치유 방법이 됩니다. 또한 적극적으로 조급증을 극복하려는 마음과 행동력이 있어야 합니다.

주식의 3대 조급증은 다음과 같다.

첫째, 대박을 바라는 조급증

개인 투자자들이 주식 투자로 실패를 하는 이유는 주식 투자를 장기적으로 보는 건전한 투자 수단이 아닌 단기간에 승부를 내려는 생각하고 접근하기 때문입니다. 한 기업의 가치가 반영되는 주식 투자는 자식을 키우듯이 오랜 시간의 정성을 기울여야 합니다.

둘째, 사고팔아서 수익을 내야 한다는 조급증

장사는 자금과 물품의 회전이 매우 중요합니다. 재고는 상품 가치가 떨어지니 신속히 물건을 판매하고 새 제품을 들여와야 이익을 얻을 수 있습니다. 하지만 주식은 다릅니다. 좋은 주식은 오래 보유한다고 가치가 하락하는 게 아닙니다. 따라서 주식을 장사하듯 빈번하게 사고팔아야 한다는 편견은 버리세요. 자신의 원칙에 따라 투자했으면 별것 아닌 뉴스나 시장의 움직임에 휩쓸리지 말고 중장기적으로 투자해야 성과를 얻을 수 있습니다.

셋째, 분위기에 편승해야 한다는 조급증

다수의 무리에 속해야 맘이 편해지는 사람들, 이런 현상은 사람의 본능과 관련돼 있습니다. 사람은 동물과 마찬가지로 생존을 위해 집단행동을 하는데, 이를 통해 사회적 관계를 맺음으로써 위험을 피하거나 도움을 얻을 수 있기 때문입니다. 사람은 자신의 행동이 옳은 것인지 판단할 때 타인을 참조합니다. 이런 판단을 하는 데 있어 다수의 선택은 개인의 선택보다 더 타당한 것으로 여겨집니다. 이런 이유로 주식이 오르면 따라서 사고, 내리면 따라서 팝니다. 하지만 투자의 세계에서 경계해야 할 점이 바로 이 점입니다. 내릴 때 사서 오를 때 팔아야 하는 간단한 원칙을 알고 있음에도 오를 때 사서 내릴 때 파는 우를 범하고 있습니다. 진정한 투자자는 남과 다른 길을 가야 합니다. 부자가 소수인 이유는 다수의 길을 가지 않고 소수의 길을 가기 때문입니다.

096

돈을 버는 것보다
지키는 게 먼저다

A 사람은 버는 즐거움보다 잃는 고통이 더 큽니다. 심리학자이자 행동경제학자인 아모스 트버스키와 대니얼 카너먼은 '손실 회피'라는 개념을 통해 이를 분석했습니다. 예컨대, 1만 원을 잃어버렸을 때 느끼는 상실감은 1만 원을 얻었을 때 느끼는 행복감보다 크다는 것입니다. 정서적으로 2배의 차이가 난다는 실험 결과도 나와 있습니다. 따라서 오르는 즐거움을 계속 유지하려면 지킬 수 있어야 합니다. 버는 것만큼 중요한 게 지키는 겁니다.

좋은 투자는 돈을 무조건 불리는 게 아니라 있는 자산을 잘 지키는 것입니다. 자산을 잘 지키면서 투자를 하려면 자신만의 원칙이 있어야 합니다. 한 예로, 무리한 투자 대신 현금 유동성을 확보하는 것도 좋은 전략이 될 수 있습니다. 원칙은 간단하고, 간단한 것

중에도 가장 지키기 쉬운 것이어야 합니다. 원칙을 세웠으면 지키는 습관을 들여야 합니다. 원칙을 어기는 것도 습관이고, 지키는 것도 습관입니다. 원칙을 어기는 습관이 지속되면 자책만 늘어나고, 그런 심리로는 결코 이 투자 시장에서 오래 버티지 못합니다.

'투자는 철저한 분석하에서 원금의 안전과 적절한 수익을 보장하는 것이다. 이러한 조건을 충족하지 못하는 행위는 투기다.' 워런 버핏의 스승인 벤자민 그레이엄은 투기와 투자의 차이를 이렇게 정의했습니다. 실제 이를 증명하듯 투자로 돈을 번 사람들의 공통점은 철저한 분석의 원칙을 지켰습니다. 철저한 분석이 밑바탕이 되어야 시장이 요동칠 때 자신만의 관점을 유지하거나 합리적으로 변경할 수 있고, 탐욕과 공포의 시계추 사이에서 이성적인 판단을 할 수 있습니다. 그 결과, 돈을 지키면서 돈을 벌 수 있습니다.

097

작은 경험들이 모여
성공을 키운다

A 여러분이 주식 첫 투자에서 과감하게 5,000만 원을 투자
하고 싶은데, 주식 투자를 많이 해본 지인이 우선 500만
원씩 시작하라고 조언한다면, 뭐 이리 소심하게 시작해야 하는지
의문이겠죠?

지인이 그렇게 조언한 이유는, 투자 경험이 밑바탕이 될 때 진짜
실력을 쌓을 수 있어서이기 때문입니다. 자기 계발 전문가인 미국
의 하브 에커(Harv Eker)는 "들은 것은 잊어버린다, 본 것은 기억
한다, 한 것은 이해한다"라고 말했습니다. 그래서 처음에는 크고
대단한 일이 아니더라고 일상생활에서 사소한 목표라도 매일 달
성하는 경험을 쌓는 게 중요합니다. 주식 투자를 하면서 벌기도 하
고 잃기도 하는 작은 경험을 쌓아나가면서 그 안에서 자신만의 진
짜 투자 원칙을 찾는 게 좋습니다.

새로운 한 해가 열리면 저마다 성장을 위한 다짐과 목표를 세웁니다. 자기 계발부터 건강관리, 재테크까지 목표가 다양합니다. 그럼에도 불구하고 연말이 되면 목표를 이룬 경우는 많지 않습니다. 1월 8일쯤이 되면 새해 다짐의 25%는 이미 버려지고, 연말까지 실천에 이르는 다짐은 10%도 채 되지 않는다는 통계도 있습니다. 결심의 목표치를 자신의 능력과 환경에 맞게 설정하기보다는 무조건 최대한으로 잡은 채 실천하려다가 이 같은 현상들이 발생하는 것입니다.

캐나다 토론토 대학교의 자넷 폴리비 박사는 '실패를 거듭해도 계속해서 불가능한 목표를 추구하는 행위'에 대해 '헛된 희망 증후군(false hope syndrome)'이란 이름을 붙였습니다. 대부분의 사람들은 시시해 보이는 목표보다는 과시하기 좋은 목표를 세우는 것을 선호합니다. 하지만 감당하기 어려운 목표를 세운 뒤, 이를 빠르게 성취하려고 무리하다가 결국에는 실패를 하는 것이라고 지적합니다. 사람이 결심을 하는 것은 뇌에 새로운 명령을 내리는 행위인데, 이 같은 갑작스러운 변화를 뇌는 생존에 대한 위협으로 받아들이기 때문에 거부하게 됩니다. 뇌의 거부행위가 바로 '작심삼일'이라는 현상으로 나타나는 것이죠. 따라서 거창하고 목표치가 너무 높은 결심은 실패할 확률이 높은 반면에 소소하면서도 큰 부담이 없는 결심이 성공할 확률이 높습니다.

주식도 마찬가지입니다. 무리한 수익 목표를 세워 무리한 투자

금액을 넣으면 조급증이 생깁니다. 심리에서 무너지면 결국 수익을 맛보지도 못한 채 얼마 안 가 주식 시장을 떠나는 경우가 많습니다. 그러므로 거시적인 안목을 갖고 투자에 임하면서 첫 목표는 소소하게 세우는 게 좋습니다. 잃어도 좋을 정도, 벌어도 흥분하지 않을 정도의 작은 실력들을 꾸준히 쌓아 자신만의 실력을 탄탄히 쌓으면 주식 시장에서 오랫동안 즐기는 투자를 할 수 있습니다.

098

지난 가격은 내려놓을 줄 알아야 한다

A 5만 원짜리 주식 1,000주를 산 분이 있었습니다. 2년여 동안 주가가 상승세를 보이며 15만 원까지 오르자 팔 준비를 하던 중, 그만 매도 타이밍을 놓치고 말았습니다. 주가가 12만 원으로 꺾이자 3,000만 원을 손해 본 듯한 마음을 갖게 되었다고 합니다. 중형차 한 대 값을 날린다는 생각에 팔지도 못하고 전전긍긍하다 가격이 더욱 하락하자 10만 원에 매도했습니다. 물론 투자금 대비 2배 수익을 거둔 것입니다. 그럼에도 이분은 5,000만 원을 벌었다는 생각보다 5,000만 원을 잃었다는 생각에 사로잡혀 있었습니다.

투자자들은 왜 최고 시세를 본전으로 생각할까요? 이 또한 욕심 때문입니다. 대부분의 투자자들은 본인이 겪었던 최고가를 기억하며 이를 머릿속에 실물 자금화합니다. 주가는 끊임없이 오르고 내리는데 최고가에 미치지 못한다면 이는 손해라고 생각하는 것이죠. 이런 이유로 투자금 대비 수익을 보고도 최고가에 연연하며 심리적인 손실의 굴레에서 벗어나지 못하는 것입니다. 하지만 이런 마인드로는 주식 투자를 오래할 수 없습니다. 어떤 투자이건 과거에 연연하지 말고 현재의 수익률을 기준으로 봐야 합니다. 지금부터 시작해서 향후 더 올라갈 것이라는 확신이 있으면 기다리고, 만약에 더 나은 투자 종목이 있으면 갈아타면 그만입니다.

099
자신과의 싸움에서 이겨야
진정한 승자다

A 주식 투자는 자신과의 싸움입니다. 주식 투자는 철저한
자기절제가 뒷받침되지 않으면 성공하기 힘듭니다. 가훈
처럼 벽에다 써 붙이거나 마음속에 지켜야 할 원칙들을 새겨두는
것이 좋습니다. 더불어, 주식 투자는 인내와의 싸움이라고 할 수 있
습니다. 최고의 투자자들을 수익을 위해 각각 다른 방법을 사용하
고 있지만, 한 가지 공통점이 있습니다. 즉, 시간이 얼마나 걸리든
기회를 위해 기꺼이 참고 기다린다는 점입니다. 한 투자자는 이를
극복하기 위해 실물 주권을 찾아다 금고 속에 넣어놓고 팔고 싶은
마음이 요동치는 것을 방지했다고 합니다.

다만, 대다수 초보 투자자들은 이런 기다림을 투자 과정으로 인
정하지 않으려 합니다. 기다림은 전혀 흥분되지도 않고 매력적이

지도 않기 때문이죠. 그럼에도 불구하고 기다림이야말로 투자 과정에서 제일 중요한 부분이며, 인내가 없으면 투자자로서 성공하기 힘듭니다. 가치주 투자든, 성장주 투자든 모두가 인내심을 갖고 기다려야 합니다. 성장주 투자는 기업의 주가가 변곡점에 도달하기를 기다리는 반면, 가치주 투자는 기업의 주가가 매력적인 수준에 도달하기를 기다립니다.

주식으로 돈을 벌든, 잃든 모두 자신의 책임입니다. 돈을 잃는 투자자들이 버리지 못하는 나쁜 버릇 중 하나가 남을 탓하는 것입니다. 잘못되었을 때는 솔직하게 자신의 부족함을 인정하고 개선 방향을 찾는 게 옳은 접근 방식입니다. 세상 탓하고, 남을 탓하고, 운명 탓하다 보면 주체적인 모습의 자기 인생을 살 수 없습니다. 매사에 핑곗거리를 찾다 보면 자신의 실수와 실패에 지나치게 관대해지고, 주변의 다른 사람이나 환경에서 그 이유를 찾으려고 합니다. 이런 자세는 언제나 자신을 정당화하고 합리화하기 때문에 자기 발전이란 존재하지 않습니다. 주식 투자로 수익을 얻었다면 우연한 행운은 아니었는지 냉정히 살펴 단지 운이었다면 겸손해야 합니다. 실력이 바탕이 된 수익이라면 이를 근거로 투자 경험을 쌓아가면 되고요. 손해를 봤다면 본인이 잘못한 이유가 뭔지 파악해 다음 투자에서 교훈으로 삼아야 합니다. 투자의 주체가 본인임을 깨닫고 모든 책임을 자신이 지는 자세가 필요합니다.

100

즐길 줄 알아야
수익이 보인다

A 행복한 주식 투자 방법은 뭘까요? 사람은 만족해야 행복
함을 느낄 수 있습니다. 그런데 이 만족은 어디서 오는 걸
까요? 바로 자신의 가치관의 기준에서 옵니다. 이 기준을 어떻게
설정하고 있느냐가 한 사람의 행복 여부를 결정하는 핵심입니다.
긍정심리학자 에드 디너 교수는 '행복=가진 것/원하는 것'이라는
공식을 제시했습니다. 즉, 가진 것을 늘리거나 원하는 것을 줄이면
행복은 증대됩니다. 다시 말하면 마음속 존재하는 욕심에 따라 개
인이 느끼는 행복의 정도가 달라지므로, 욕심을 조절하는 능력이
삶에서 매우 중요하다는 것을 알 수 있습니다.

본인이 산 주식이 오르면 좋겠지만, 떨어지면 고민일 수밖에 없
습니다. 그렇지 않아도 걱정이 많은데 근심거리가 하나 더 늘어난

셈입니다. 여러분은 주식 투자를 왜 하시나요? 돈 벌려고 하는 거 아닌가요? 돈은 왜 벌려는 이유는 좀 더 윤택한 삶, 그리고 그 윤택함을 통해 좀 더 행복해지고 싶어서 아닌가요? 그런데 왜 주식을 사놓고는 그렇게 마음을 졸이며 불안해할까요?

주식 투자는 단 몇 번만 하고 그만둘 게 아닙니다. 물론 몇 번만 할 생각이었던 사람은 대박의 환상을 갖고 단기 투자에 임하므로 조급증이 밀려오고 조금만 예측에서 벗어나도 불안해 심리가 무너집니다. 행복하자고 한 주식인데, 결말을 좋지 않게 끝나는 경우도 많습니다. 따라서 주가가 하락하거나, 폭락할 때라도 그 불안과 공포를 견뎌낼 수 있을 만큼만 투자하셔야 합니다. 그것이 행복해지는 길입니다. '더, 더, 더'를 외치는 순간 탐욕이 가세한 투기가 됩니다.

행복해지는 주식 투자 5계명

1. 자신만의 투자 원칙을 설정하라

감으로 매매에 임하지 말고 자신만의 투자 원칙을 설정, 고수하는 것이 중요합니다. 복잡하거나 상황에 따라서 해석이 달라지는 등 예외가 발생하는 경우의 수는 배제합니다. 쉬우면서 반드시 스스로 지킬 수 있는 원칙을 설정한 후에 본격적인 거래에 나서는 것이 좋습니다.

2. 감내할 수 있는 자금 범위에서 투자한다

손실이 클 경우 감내할 수 없는 수준은 스트레스 수준을 넘어 투자가로서의 생사가 걸린 것이므로, 주식 투자는 감내할 수 있는 자금 범위에서 투자합니다.

3. 손실은 늘 있을 수 있다는 관점을 갖는다

이익만 있을 것이라 생각하는 것은 투자가로서 올바른 태도가 아닙니다. '전투에서는 지더라도 전쟁에서 이기면 된다'라는 마인드로, 손실을 인정할 수 있는 자세를 가질수록 스트레스가 줄어듭니다.

4. 수익이 나더라도 자만하지 말라

바둑을 두다 보면 초반이나 중반까지 강세를 보이는 대국자가 최종적으로 지는 경우가 많습니다. 강세였던 대국자는 자만 때문에 수읽기를 소홀히 하는 반면, 상대방은 역전을 위해 온갖 머리를 짜내기 때문입니다. 주식 투자도 초반에 너무 잘되면 수익에 도취해 분석이나 연구를 소홀히 해서 섣부른 충동매매를 하기 쉽습니다. 자신의 투자 성공이 행운인지 아니면 진정한 실력인지, 냉정히 판단해야 합니다.

5. 번 수익은 현금 확보하라

계좌에서 인출되지 않은 수익은 사이버머니에 불과합니다. 주식 투자의 목적은 주식이 아니라 현금이고, 주식 시장의 진정한 승리자는 번 돈을 과감하게 챙겨서 쉴 줄 아는 투자자입니다. 연속적인 매매로 승부하기보다는 단계를 정해서 승률이 높은 구간에서만 매매하고 현금화하는 습관을 길러야 합니다.

즐기는 투자가가 되자

독일의 심리치료사인 롤프 메르클레(Rolf Merkle)는 '천재는 노력하는 사람을 이길 수 없고, 노력하는 사람은 즐기는 사람을 이길 수 없다'라고 했습니다. 2,500여 년 전, 공자도 논어에서 '知之者不如好之者(지지자불여호지자), 好之者不如樂之者(호지자불여락지자), 아는 사람은 좋아하는 사람만 못하고, 좋아하는 사람은 즐기는 사람만 못하다'고 말했습니다. 진정한 투자가는 주식을 배우고, 연구하고, 노력하고, 즐겨야 합니다. 아무리 좋은 직업이라도 고행이라면 굳이 그 길을 갈 이유가 뭐가 있겠습니까? 더 나은 내일을 위해 성실히 재테크를 한다는 생각으로 주식 투자에 임해야 합니다. 욕심을 버리고 과정을 즐기며 주식 투자에 임할 때, 수익의 결과는 달콤할 것입니다.

appendix

부록

주식 투자 성공을 이끌다

'헬스케어 섹터' 투자 성공 - H증권사 **K상무** 인터뷰

Q **01** 주식 매매하실 때 특별한 노하우가 있으신가요?

A 저는 뭐든지 기존의 방식과 다르게 매매했는데, 우선, 제 기준을 말씀드릴게요.

1. 가장 소중한 돈으로 투자하자

보통 주식은 위험하기 때문에 여윳돈으로 해야 한다고 하는데, 저는 그렇게 생각하지 않습니다. 가장 소중하고 절실한 돈으로 신중히

결정해서 투자해야 좋은 성과를 거둘 수 있습니다. 절실해야 더 책임감이 있게 접근하게 되고, 전쟁이라고 생각해야 이길 수 있습니다.

2. 선택과 집중!

보통 분산 투자로 위험을 분산한다고 하는데, 정확한 분석 없는 종목의 확대는 오히려 위험 주식들의 확대로 이어질 수 있습니다. 따라서 목숨만큼 소중한 돈으로 실전 주식 투자에 임할 땐 분산 투자를 할 때와 선택과 집중할 때를 잘 구분하는 것이 중요하다고 믿습니다. 제 개인적인 예를 들자면, 종목 교체 시 분산 투자로 종목이 5~6개로 늘어나는 경우도 있으나 보통 5개 이내이고, 분석 끝에 확신이 서는 종목이 나온다면 1~2개로 압축해서 투자하는 경우도 있습니다. 제 고객분 중 자산가 한 분의 투자법을 예를 들자면, 자산 120억 원을 투자하시는 분이 종목은 보통 2~4개 수준이며, 5년간 매매 한 종목이 총 5~6개 정도입니다.

3. 정확한 분석이 끝났다면 본인이 예상한 스토리 훼손이 아닐 시 손절매는 NO!

보통 주식 투자하시는 분들께서 종목 진입 후 10% 정도 손실을 보면 입버릇처럼 '손절매를 한다'고들 하지만, 저는 10% 자체가 임의적인 숫자로 보입니다. 흔히들 주식 투자를 할 때 목표가를 물어보시는데, 제 경우에는 목표가가 없습니다. 그 종목에 대해 생각했던 성장스토리를 기업이 어떻게 만들어가고 있는지만 체크하고, 성장 스토리가 끝나지 않았다면 지속적으로 보유합니다. 따라서 스토리가 훼손된 것이 아니라면 단기적인 눌림에 기계적인 손절은 오히려 장차 주가 상승의 기회를 놓치는 일이 되고 맙니다. 다만 제가 손절매를 실행하는 때는 가격이 일시적으로 하락해서가 아니라 제가 예상했던 주식의 성장스토리가 오히려 반대로 간다고 생각될 때 과감히 손절매에 들어갑니다.

Q 02 유망해 보이는 섹터, 종목은 무엇입니까?

A 바이오, 게임, 엔터테인먼트, 반도체 섹터가 유망해 보입니다. 바이오 중에서 안티에이징 관련 사업에 관심이 있습니다. 중국을 보더라도, 14억 명이 넘는 중국인들도 나이가 든다는 것은 자명한 사실입니다. 경제력이 있으면서 미용에 대해 쓰는 돈을 아까워하지 않을 계층에서 소비할 만한 산업이 경쟁력이 있어 보입니다.

Q 03 종목은 어떻게 발굴하시며 발굴 기준이 있으십니까?

A 책, 신문, 잡지, 인터뷰 등을 보며 각 분야 전문가들의 미래에 대한 이야기를 참고합니다. 최소 30편 이상 기업보고서를 탐독하며 기업의 가치를 분석합니다. 또한 세계경제는 놓쳐서는 안 될 부분이죠. 미국 시장에 지속적인 관심을 갖고 〈월스트리트저널〉 등 인터넷을 통해 자료를 수집합니다. 미국에서 일어난 일 중에 특히 주가 상승 관련한 일은 시차를 두고 한국에서 반드시 일어난다고 믿습니다. 예를 들어, 아마존이 '킨들'이라는 전자책 판매 수익 증가로 주가가 10달러에서 100달러까지 상승했었습니다. 여기서 아이디어를 얻어 국내의 전자책 관련 주를 탐색했고 A종목을 발굴해, 5,000원에 매수해서 13,000원에 매도한 바 있습니다.

바이오 포럼, 에너지 전문가 포럼 등 각 분야 전문가들의 미래에 대한 이야기에도 귀를 기울입니다. 포럼에 직접 참석하지 않아도 요즈음에는 인터넷을 통해 포럼 내용을 접할 수 있습니다. 2010년, 셰일가스 포럼에서 '셰일가스는 720년간 쓸 수 있는 에너지원'이라는 내용이 있었습니다. 셰일가스를 장기간 사용할 수 있는 만큼 태양광, 풍력과 같은 대체에너지는 향후 어려워질 것으로 쉽게 예상할 수 있었습니다. 또한, 기업 탐방보다는 전문가가 쓴 보고서를 활용합니다. 애널리스트 검증 작업을 나름대로 하는데, 3년 전에 쓴 리포트를 찾아 과거에는 어떤 말을 했었는지 조사합니다. 한 종목 당 최소 30편 이상의 보고서를 참고하고, 자세한 내용을 알고 싶으면 애널리스트에게 직접 보고서의 논리에 대해 물어봅니다.

유망한 업종, 건전한 재무구조, 하방 경직성 등이 기업을 발굴하는 데 중요한 요소지만, 제일 중요한 것은 회사를 운영하는 경영자의 도덕성이라고 생각합니다. 특히, 코스닥·중소형주의 경우, 자신의 이익을 위해 주주의 이익에 반하는 행동을 하는지 등을 공시나 기사 내용을 통해 점검해보고 투자 종목을 선택합니다.

Q **04** 주식을 시작하는 분들께 '이것만은 꼭 해야 된다'라고 강조하시고 싶은 부분이 있으신가요?

A 꼭 드리고 싶은 말은, '이기는 습관에 익숙해지라'라는 것입니다. 스스로 안 된다는 생각은 안 하셨으면 좋겠어요. 이기는 습관에 익숙해지려면 아무리 작은 이익이라고 가볍게 여겨서는 안 됩니다. 예를 들어 과거 삼성SDS 같은 공모주의 경우, 배정 주수가 작아 기대수익이 낮더라도 수익을 낼 수 있다는 확신이 있다면 무조건 투자해서 이기는 것에 익숙해질 필요가 있습니다. 손절매를 하고 그 종목을 잊으면 마음은 편할 수 있지만, 손절매보다는 조금이라도 수익을 내고 매도하려고 노력해야 지속적으로 이길 수 있습니다. 이러한 성과들이 쌓여 자신감과 함께 좋은 결과로 이어집니다.

Q⁰⁵ 주식 투자를 시작할 때 가장 중요한 부분이 있다면, 어떤 것이 있을까요?

A '좋은 종목을 신중히 골라 오래 보유하기'와 '현상에 흔들리지 말고 본질에 집중하자'입니다. 제 투자 스타일을 되돌아보면, 저는 좋은 종목을 신중히 골라 오랜 기간 투자했습니다. 주가가 움직이는 현상에 휘둘리지 말고 주식이 가진 본질 가치와 스토리에 집중하면 흔들리지 않을 수 있습니다. 1만 원 하던 주식이 9,000원이 되었다고 그 주식이 가진 본질적인 가치가 훼손된 것은 아닙니다. 예상했던 스토리대로 흘러가는지 체크하면서 기다리면 좋은 결과를 얻을 수 있습니다. 그러므로 여러분도 좋은 종목을 선택해 일비일희하지 않는 자세로 주식 투자에 임하면 좋은 성과로 이어지리라 확신합니다.

대한민국 주식 개미들이 가장 궁금해하는
주식 투자 100문 100답

제1판 1쇄 | 2020년 4월 7일
    6쇄 | 2021년 1월 27일

지은이 | 이무학, 김수한, 강주호, 조상철, 문지인
펴낸이 | 손희식
펴낸곳 | 한국경제신문*i*
기획제작 | (주)두드림미디어
책임편집 | 최윤경   디자인 | 디자인 뜰채 apexmino@hanmail.net

주소 | 서울특별시 중구 청파로 463
기획출판팀 | 02-333-3577
E-mail | dodreamedia@naver.com
등록 | 제 2-315(1967. 5. 15)

ISBN 978-89-475-4574-7 (03320)

한국경제신문*i* 주식 도서 목록

테마주를 알면 30억이 보인다

코스피, 코스닥 종목 모두에 적용되는 종목탐색기 활용, 주식 투자로 100억 원 벌기 — 검색기 활용하기

세상에서 가장 안전하게 매일 1% 수익 내는 PST 해외선물 투자 비법

현명한 글로벌 가치 투자 — 선진국 직접투자 분석

세상에서 가장 안전하게 매일 1% 수익 내는 PST 주식 투자 비법

DAEBAK STOCK — 대박 주식 투자 통찰

마흔 살에 시작하는 주식 공부 5일 완성

하루 만에 대박 주식 찾는 워렌 버핏의 재무제표 따라치기

8일 만에 주식 투자 고수 되기

경제를 보면 주식이 보인다 대한민국 주식 경제학

그래도 애널 리포트가 저평가 종목 선택의 지름길이다

랜드마크니저가 알려주는 재무제표와 주식 투자

이난희 전문가의 수급을 알면 파동이 보인다

주식투자 버티면 열린다

NEW 편의점 주식 투자 SOLUTION — 주식 종목 선정의 9가지 비밀

주식 투자 비밀의 문 — 시나리오 매매 기법으로 연 수익률 100%에 도전하라

주식 선물 옵션시장의 흐름을 관통하는 가격운동 트레이딩 비법 — 차트를 통해 가격의 미래를 예측한다!

여읍 수 있는 확률에 배팅하라! 해외옵션매도 월 10% 수익내기

해외선물 실전투자완전정복

이난희 전문가의 파동을 알면 30억이 보인다

㈜두드림미디어 카페
https://cafe.naver.com/dodreamedia

DoM
dodreamedia
두드림미디어